本书是国家自然科学基金项目
"我国企业创造性资产寻求型对外直接投资研究"
（批准号：70372026）的最终研究成果

课题负责人：吴先明
课题组成员：李松林　刘　英　陈　臻　蔡玉婷　周　伟
　　　　　　张　涛　余仁桥　李　婧　张　为　刘新武
　　　　　　李　郸　周晓迪　魏海源　吴小羊　范　博
　　　　　　舒瑞华　陈　宁　翟冬妍　陈　磊　汪文静
　　　　　　韩崇胜　李化群　王红伟

创造性资产与中国企业国际化

Chuangzaoxing
Zichan Yu Zhongguo
Qiye Guojihua

吴先明等 著

人民出版社

目　录

第一章 跨国公司理论与中国企业国际化:创造性资产的分析视角

从斯蒂芬·海默(S. Hymer)提出垄断优势理论到约翰·邓宁(J. H. Dunning)折衷范式的形成,跨国公司理论虽然流派纷呈,但其基本的分析框架都是以垄断优势为核心,将跨国公司对外直接投资视为利用其既有优势的过程。跨国公司的发展促进了跨国公司理论的创新。20世纪90年代以来,理论界开始关注以寻求创造性资产为目标的对外直接投资的发展,形成了一系列有影响的研究成果。以寻求创造性资产为目标的对外直接投资成为新时期跨国公司国际扩展的主要特征。这意味着跨国公司对外直接投资不仅是利用其特定优势的过程,而且是建立新的优势的过程。创造性资产的分析视角突破了折衷范式的分析框架,对跨国公司理论的未来发展必将产生深远影响。

第一节 跨国公司理论范式之变:从垄断优势到寻求创造性资产

创建于20世纪60年代的跨国公司理论是以垄断优势为出发点的。虽然随着跨国公司的发展,跨国公司理论也在不断丰富和完善,但垄断优势在跨国公司理论中的核心地位一直没有改变。直到20世纪90年代中期,面对跨国公司发展的新情况和新变化,跨国公司理论的重点开始发生转移,一股以寻求创造性资产为核心的跨国公司理论思想开始兴起。由于这种思潮抛弃了垄断优势的既有前提,更加关注从动态角度和国际生产的空间范围探索跨国公司演进的原因,因而对传统的跨国公司理论范式形成了严重冲击。

一、从垄断优势到折衷范式

20 世纪 60 年代以前,对跨国公司海外直接投资的理论解释是以要素禀赋论为基础的国际资本流动理论。这一理论认为,各国的产品和生产要素市场是完全竞争的,国际直接投资产生的原因在于各国间资本丰裕程度的差异,资本短缺的国家利率高,资本丰裕的国家利率低,利率的差异导致了资本从资本丰富的国家流向资本短缺的国家。因此,传统的要素禀赋论既可以解释国际贸易,也可以解释国际投资。

1960 年,斯蒂芬·海默在其博士论文《国内企业的国际经营:对外直接投资研究》①中率先对传统理论提出挑战。海默收集了大量资料,对美国跨国公司进行实证分析,结果发现:美国跨国公司主要是拥有生产经营优势的工业型跨国公司,而很少是具有金融优势的金融机构;美国跨国公司对外投资一般集中在少数几个行业中,这些行业对利率的差异并不敏感;在美国跨国公司海外资产的构成中,一半以上的资产是由母公司出资形成的,另外相当一部分资产则是通过举债方式在当地筹集的。这些情况表明,传统的国际资本流动理论不能科学地解释跨国公司的对外投资行为,

---

① Hymer, S. , *The International Operation of National Firms: A Study of Foreign Direct Investment*. Cambridge, Massa chuses: MIT Press, 1976.

必须建立一套新的理论以取代传统理论。

海默认为,国际直接投资是市场不完全性的产物,要建立国际直接投资理论必须摒弃传统理论的完全竞争假设。因为在完全竞争的条件下,企业生产同类产品,有获得所有生产要素的平等权利,在那种世界里,根本不会产生跨国公司这种事物。因此,海默以市场不完全性作为理论前提,将产业组织理论中的垄断原理用于对跨国公司行为的分析,形成了独树一帜的垄断优势理论。

垄断优势理论认为,一国和国际市场的不完全性,导致跨国企业获得了垄断优势,并通过对外直接投资的方式来利用自身的垄断优势。市场的不完全性存在于四个方面:其一,由于产品的差异性、商标、特殊的市场技能或价格联盟等原因造成的产品市场的不完全;其二,由于特殊的管理技能、在资本市场的便利以及受专利制度保护的技术差异等原因造成的要素市场的不完全;其三,由于规模经济造成的市场不完全;其四,由于政府的有关税收、关税、利率和汇率等政策原因造成的市场不完全。市场的不完全性使跨国公司拥有垄断优势,这种垄断优势是跨国公司对外直接投资的决定因素。跨国公司的垄断优势具体表现在五个方面:一是技术优势,包括生产秘密、管理组织技能和市场技能;二是工业组织优势,主要包括规模经济、寡占市场结构和行为;三是易于利用过剩的管理资源的优势;四是易于得到廉价资本和投资多样化的优势;五是易于得到特殊原材料的优势。正是存在垄断优势,跨国公司才能克服海外投资的附加成本,抵消东道国当地企业的优势,确保海外投资活动有利可图。

1966 年,弗农(R. Vernon)在《经济学季刊》上发表《产品周期中的国际投资和国际贸易》①一文,提出了产品生命周期理论。弗农认为,垄断优势理论还不足以说明企业在出口、许可证和国外子公司生产之间的选择,其理论是静态的,应该将企业的垄断优势和产品生命周期以及区位因素结合起来,从动态的角度考察企业的海外投资行为。弗农把产品的生命周期分成三个阶段:即产品的"崭新"阶段、"成熟"阶段和"标准化"阶段。由于美国人均收入高以及相应劳动成本高,美国具有开发节约劳动或者满足高收入者需要的新产品的强大动力,因此,美国往往是新产品的创新国。在产品生命周期的第一阶段,由于创新企业拥有产品特异性或垄断优势,产品的价格需求弹性很低。为了进一步改善产品的特性,保持同顾客和供应商之间的密切联系,企业倾向于在国内生产。随着经验的积累和产品的发展,产品的设计和生产已经有了某些标准化的因素,产品已经较少需要变动,这样,产品就进入了"成熟"阶段。在这一阶段,由于在国外,特别是像西欧那样相对先进的国家,出现了类似美国的市场需求,美国企业开始向欧洲出口。欧洲的市场需求刺激了当地竞争对手的进入,市场竞争开始加剧,企业需要更多地关注生产成本,一些美国企业为了降低产品成本开始到欧洲投资设厂。当产品进入到"标准化"阶段,技术已经退居次要地位,竞争的基础已变成价格竞争,企业需要将生产或装配业务转移到劳动成本低的发展中国家,原来的发明创造国逐渐变成了产品的进口国,尽管在进口中包括了一部分美国企业在国外的子公司生产的产品。

1976 年,巴克利(P. J. Buckley)和卡森(M. Casson)在《跨国公

---

① Vernon, R. , *International Investment and International Trade in the Product Cycle*. Quarterly Journal of Economics, 1966, 80(2) (May).

司的未来》①一书中提出了一个带有综合性的跨国公司理论——内部化理论。巴克利和卡森认为，以前的有关跨国公司的著作缺乏综合的理论基础，特别是没有考虑企业除生产以外的许多活动，如研究与开发、市场购销、培训、建立管理班子等，这些都是相互依赖的，并且与中间产品有关。这些中间产品不只是半成品、原材料，较为常见的是结合在专利权、人力资本之中的各种知识。这些中间产品市场的不完全竞争，与最终产品市场的不完全竞争同样重要。为了寻求利润最大化，面对中间产品市场不完全性的企业将力求使这些中间产品在其体系内实行内部转移。

企业内部化的意愿由四组要素之间的关系促成：一是行业特殊要素，即产品的特性、外部市场结构和规模经济；二是地区特殊要素，即地理上的距离和文化差异；三是国家特殊要素，即政治和金融因素；四是企业特殊要素，即管理专门知识。在上述各类要素中，最为重要的是知识因素，其理由如下：首先，知识提供垄断优势，企业本身可以通过歧视性定价而不是通过发放许可证来最好地利用这些优势。其次，知识的形成需要长期的研究与开发，而且在研究项目结束之前的任何阶段，如果该企业打算出售这种知识，就很难确定可能获得的价值，而且，仅仅由于难以估价，知识流动就给予内部转移定价以用武之地。

内部化不可避免地要付出成本，如需要增加计算和控制信息的成本、增加通讯成本，以及遇到许多东道国厌恶跨国公司所造成的困难，因而也要把政治歧视的成本考虑进去。因此，从企业内部化所得到的净利益看，内部化过程所得到的优势必须抵消并且要

---

① Buckley,P. J. and M. Casson, *The Future of the Multinational Enterprise*. London: Macmillan, 1976.

大于这些成本。内部化并不是指给企业带来特定优势的某种特定财产本身,而是指将这种财产内部化的过程(相对于把这种财产出售给外国生产者而言)。因此,凡是发生跨国界内部化过程的地方,就会产生跨国企业。巴克利和卡森认为,内部化给跨国企业带来了特有的优势,这些优势包括:它过去投资于(1)研究与开发设施(创造技术上的优势)的报酬;(2)发明紧密结合的一组技能(它能创造大于个别技能总和的收益)的报酬;(3)创建信息传递网络的报酬。这种网络不仅可以使它们以较低成本在企业内转移(1)和(2)的优势,而且可以保护这些信息(包括市场知识在内)不被外人染指。

1977 年,英国雷丁大学教授约翰·邓宁发表《贸易、经济活动的区位和跨国企业:折衷理论探索》①一文,提出了国际生产折衷理论。邓宁认为,早期的国际直接投资理论是建立在对不同时期和不同国家对外直接投资的实证分析基础之上的,它们对各自国家特定时期的跨国公司行为具有较强的解释力,但都不具有普遍意义。早期的国际直接投资理论基本上是沿着四个方向发展的:一是从市场的不完全性出发,运用产业组织理论来研究跨国公司对外直接投资优势的来源,如海默的垄断优势理论;二是将国际直接投资与国际贸易相结合,说明投资和贸易相互影响的理论,如弗农的产品生命周期理论;三是以尚不成熟的区位理论为基础,研究跨国公司对外投资的区位选择理论;四是以新厂商理论为基础,强

---

① Dunning, J. H. , *Trade, Location of Economic Activity and the Multinational Enterprise: A Search for an Eclectic Approach.* University of Reading Discussion Papers in International Investment and Business studies, No. 29, 1976. Revised Version Published in Ohlin, B. (ed.), The International Allocation of Economic Activity. London: Macmillan, 1977.

调中间产品市场的不完全性对跨国公司行为影响的理论,如巴克利和卡森的内部化理论。邓宁认为,上述理论只是对跨国公司对外投资行为作了部分的解释,不能成为国际直接投资的一般理论。对外直接投资、对外贸易以及向国外生产者发放许可证往往是同一企业面临的不同选择,不应将三者割裂开来,应该建立一种综合性的理论,以系统地说明跨国公司对外直接投资的动因和条件。邓宁把自己的理论称为折衷理论,其意图是要集百家之长,熔众说于一炉,建立跨国公司的一般理论。

邓宁把跨国公司拥有的优势分为三个方面的特定优势,用以系统地说明跨国公司对外直接投资的动因和条件,从而把自海默以来的国际直接投资理论以及赫克歇尔—俄林(Heckscher-Ohin)的新古典国际贸易理论结合成一个统一的分析框架。这三个方面的特定优势是所有权特定优势(Ownership Specific Advantages)、内部化特定优势(Internalization Specific Advantages)和区位特定优势(Location Specific Advantages)。所谓所有权特定优势,是指跨国公司拥有的各种资产及其所有权形成的特定优势,它包括两种类型:一是通过对外直接投资、对外贸易或发放许可证等形式均能给企业带来收益的所有权优势,比如技术、生产规模、商标、管理技能等;二是只有通过对外直接投资才能给企业带来收益的所有权优势,比如交易和运输成本的降低、产品和市场的多样化、生产过程的一体化以及对销售市场和原材料的垄断等。所谓内部化特定优势,是指跨国公司将其拥有的资产及其所有权加以内部使用而带来的特定优势。内部化的根源在于外部市场的不完全性。邓宁把市场的不完全性划分为结构性市场不完全和知识性市场不完全两种类型。结构性市场不完全是指由于竞争壁垒、交易成本高昂而导致的市场不完全;知识性市场不完全是指由于生产和销售的有关知识信息不容易获得而导致的市场不完全。所谓区位特定优势,是指跨国公司在对外投资的区位选择上所拥有的特定优势,它包括直接区位优势和间接区位优势两种类型。直接区位优势是指东道国的某些有利因素形成的区位优势,比如低廉的劳动力成本、广阔的销售市场、政府的优惠政策以及获得原材料的便利等;间接区位优势是指因东道国的某些不利因素形成的区位优势,比如出口运输成本过高、贸易壁垒等。

折衷理论的分析过程和主要结论可以归纳为以下三个方面:(1)国际直接投资是遍布全球的产品和要素市场不完全性的产物,市场不完全性导致了跨国公司拥有特定的所有权优势,所有权优势是保证跨国公司补偿国外生产的附加成本并在竞争中获得成功的必要条件。(2)所有权优势还不足以说明企业为什么一定要到国外进行直接投资,而不是通过发放许可证或其他方式来利用它的特定优势,必须引入内部化优势才能说明为什么对外直接投资要优于许可证贸易。(3)仅仅考虑所有权优势和内部化优势仍然不足以说明为什么企业把生产地点设在国外而不是在国内,必须引入区位优势,才能说明企业在对外直接投资和出口之间的选择。这就是所谓的折衷范式(Eclectic Paradigm)或称 OLI 范式(Ownership,Location,Internalization Paradigm)。

二、折衷范式面临的挑战

虽然折衷范式在一定程度上综合了跨国公司理论的各主要流派,成为被广泛接受的跨国公司理论分析框架,但由于理论上的固有缺陷和跨国公司发展进程中的一系列重大变化,折衷范式未能完全履行如邓宁所说的跨国公司一般理论的职能,而是在变化中不断向新的方向演进。

　　理论界对折衷范式的批评主要集中在其缺乏动态性和难以实证两个方面。为了弥补折衷范式的缺陷,1981 年,邓宁在《解释国际直接投资中的国家定位:一个动态或发展的路径》①一书中提出了投资发展路径理论。投资发展路径理论旨在从动态角度解释一国的经济发展水平与国际直接投资地位的关系。邓宁采取实证分析的方法,对 67 个国家 1967—1978 年间的直接投资流量与经济发展水平的资料进行分析,结果发现,一国直接投资的流出量或流入量与该国的经济发展水平呈现高度相关的关系,他把这种关系称为投资发展路径。他依据人均国民生产总值把投资发展路径分为四个阶段:第一阶段是人均 GNP 低于 400 美元的阶段。处于这一阶段的国家,是世界最贫穷的国家,经济落后,技术力量薄弱,几乎没有所有权优势,也没有内部化优势,因而不能利用国外的区位优势,对外直接投资处于空白状态,国外直接投资的流入也因缺乏合适的投资条件而处于很低的水平。这一时期,该国的净国际直接投资流量为负值。第二阶段是人均 GNP 处于 400—1500 美元之间的阶段。处于这一阶段的国家,由于经济发展水平的提高,国内市场有所扩大,投资环境有较大改善,因而区位优势较强,外国直接投资的流入量迅速增加。但由于这些国家的企业的所有权优势和内部化优势仍然十分有限,对外直接投资仍然处于较低水平,净国际直接投资流量为负值。第三阶段是人均 GNP 处于 2000—4000 美元的阶段。处于这一阶段的国家,经济实力有了很大提高,国内一部分企业开始拥有所有权优势和内部化优势,对外直接投资迅速增长,其速度超过了外国对本国的直接投资。这一阶段

---

　　① Duning,J. H.,*Explaining the International Direct Investment Position of Countries: Towards a Dynamic or Development Approach*. Weltwirts Chaftliches Archiv,1981.

国际直接投资流入量和流出量都达到了较大的规模,但净国际直接投资流量仍为负值。第四阶段是人均 GNP 超过 5000 美元的阶段,在这一阶段,由于企业拥有强大的所有权优势和内部化优势,并能从全球范围利用东道国的区位优势,因此,对外直接投资达到了相当大的规模,净国际直接投资流量为正值。

虽然投资发展路径理论在某种程度上给折衷范式注入了一些动态的因素,但客观地讲,这种修正的作用仍然十分有限。一个显而易见的原因是这种修正只是从宏观的层面对三种优势的分布状况进行了描述,而未能对跨国公司特定优势本身的变化作动态的分析。投资发展路径理论仍然遵从折衷范式的基本逻辑,将跨国公司的特定优势,尤其是所有权特定优势作为分析跨国公司行为的前提和基础。

对折衷范式形成较大冲击的是跨国公司发展进程中出现的一些具有广泛影响的变化。这些变化开始动摇折衷范式的理论前提,并预示着跨国公司理论发展的新方向。这些影响深远的变化主要表现在三个方面:

1. 跨国公司研发活动的全球化

长期以来,跨国公司只将其价值链的低附加值环节向外转移,而将其具有核心竞争优势的 R&D(研究与开发)活动保持在母国进行。直到 20 世纪 80 年代末期,只有为数极少的跨国公司开展全球性的研发活动。20 世纪 90 年代以后,随着经济全球化的发展,跨国公司的全球研发活动蓬勃兴起,许多欧洲跨国公司,如瑞士的 ABB 公司、荷兰的飞利浦公司、瑞典的爱立信公司成为推动研发国际化的开路先锋。随后,美国、日本、德国的一些著名跨国公司,如美国的通用电气、通用汽车,日本的丰田、富士通,德国的戴姆勒等公司也加入到研发全球化的潮流之中。据《2005 年世界投资报告》统计,从 1993 年到 2002 年,跨国公司外国子公司的研发投入从大约 300 亿美元上升到 670 亿美元,国外研发投入的比重从 10%上升到 16%。值得关注的是,跨国公司在国外从事研发活动的主要目标不再是为了适应当地市场的需要,而是为了服务全球市场,并与跨国公司的知识创造过程融为一体。

跨国公司研发活动的全球化对于以垄断优势为前提的折衷范式理论框架构成了挑战。因为自海默到邓宁的跨国公司理论均是以垄断优势或所有权特定优势作为对外直接投资的条件,在这一理论框架中,跨国公司的对外直接投资活动被看做是利用既有优势并获得利润回报的过程。跨国公司研发活动的国际化意味着跨国公司的全球扩张不仅是利用优势的过程,而且还是创造优势的过程。如何将跨国公司知识创造过程的国际化纳入分析框架,是折衷范式面临的新挑战。

2. 跨国并购成为跨国公司国际扩张的主要方式

企业进入国际市场主要包括新建投资和跨国并购两种方式。在 20 世纪 80 年代以前,新建投资是企业进入国际市场的主要方式。到了 20 世纪 80 年代后期,特别是 90 年代中期以后,跨国并购开始取代新建投资成为企业进入国际市场的主要方式。据《2000 年世界投资报告》统计,在 1987—1999 年的 12 年间,每年完成的跨国并购的价值从 1987 年不到 1000 亿美元上升到 1999 年的 7200 亿美元。跨国并购在世界 FDI(Foreign Direct Investment,对外直接投资)流量中的比重则从 1987 年的 52%上升到 1999 年的 83%。

跨国并购的发展至少在以下三个方面对折衷范式构成了冲击:其一,由于折衷范式未能区分 FDI 的不同进入方式,且分析的基本素材主要来源于新建投资而不是跨国并购,因此很难解释企业跨国并购的动因及其影响。其二,折衷范式强调企业的垄断优势及其内部化,跨国并购则强调通过整合外部资源来提升企业的优势和创造新的优势。其三,折衷范式未能考虑时间或速度因素对企业跨国经营的影响,而跨国并购则将时间或速度因素置于至关重要的地位。

　　3. 发展中国家跨国公司的兴起

　　在20世纪80年代以前,发展中国家的对外直接投资是微不足道的。据《1997年世界投资报告》统计,1979—1981年间,发展中国家年均对外直接投资流量仅为13亿美元,占世界对外直接投资流量的比重为2.3%。然而,80年代中期以后,发展中国家的对外直接投资增长迅猛。1986—1990年间,发展中国家年均对外直接投资流量达到117亿美元,所占比重上升到6.7%。1995—1996年,发展中国家年均对外直接投资流量达到492亿美元,占比达到14.3%。发展中国家对外直接投资的增长,主要得益于亚洲新兴工业化国家和地区的推动。1996年,南亚、东亚和东南亚的对外直接投资增长了10%,达到了460亿美元,占整个发展中国家对外直接投资流量的89%和存量的80%。亚洲新兴工业化国家和地区的对外直接投资带有明显的外向性和多元化的特点,北美、欧盟、澳大利亚和拉美成为该地区对外直接投资最重要的东道国或地区。在此过程中,北美一直是亚洲企业的主要投资区位,与此同时,亚洲企业对欧盟的投资也快速增长。1989—1991年,亚洲发展中国家和地区对欧盟的投资为每年平均1亿美元,到了90年代中期,年均对欧盟的投资上升到50亿美元。

　　为什么缺乏垄断优势的发展中国家企业会对美、欧等发达国家投资呢?这在传统的跨国公司理论中很难找到合理的解释。因为传统的跨国公司理论以垄断优势或特定的所有权优势为既定前提,这种理论比较适合解释发达国家跨国企业对发展中国家的顺向投资,而很难解释后起的发展中国家企业对发达国家的逆向投资。

三、寻求创造性资产成为跨国公司理论发展的新方向

正如邓宁在《国际生产的折衷范式:过去、现在和未来》①一文中所说的,折衷范式作为分析国际生产的决定因素的理论框架仍然是有效的,但它并不适合作为跨国公司的预测理论。实际上并不存在能够包容跨国公司各类价值增值活动的单一理论,因为跨国公司国际生产的动机已经发生了巨大的变化。邓宁认为,折衷范式扩展和重新组合的一个重要方向就是要关注通过对外直接投资获取竞争优势的问题。

在过去的十多年的时间里,对外直接投资已经由传统意义上利用公司已有的所有权优势或竞争优势的一种手段,转变为企业跨边界经济活动的一种日益重要的形式。这种跨边界的活动不仅能够获得公司在多个国家经营所形成的技术和市场的协同效应,更为重要的是可以利用和获取国外竞争者、供应商、顾客、国家教育和创新体系所提供的创造性资产。创造性资产(Created Assets)是邓宁1993年在《跨国企业和全球经济》②一书中提出的一个概念。邓宁将资产分为两种类型:自然资产和创造性资产,后者也可称为战略性资产(Strategic Assets)。自然资产是自然界产出的结

---

① Dunning,J. H. , *The Eclectic (OLI) Paradigm of International Production*: *Past*,*Present and Future*. International Journal of the Economics of Business,2001,vol. 8,No. 2.

② Dunning J. H. , *Multinational Enterprises and the Global Economy*. Workingman,English and Reading,Mass: Addisen Wasley,1993.

果,包括自然资源和未经培训的劳动力。创造性资产是在自然资源基础上,经过后天努力而创造出来的基于知识的资产,是企业竞争优势的来源。创造性资产可以是像金融资产存量、通讯设施和销售网络等物质资产那样的有形资产,也可以是无形资产。无形资产有很多,但它们有一个共同的特征:知识。无形资产除了包括信息存量、商标、商誉和智能外,还包括技能、态度(如对财富创造和商业文化的态度)、才能(技术、创新、管理和学习才能)、能力(如有效率地组织提供收益的资产)、关系(如个人之间的相互关系或与政府的联系等)。这些资产体现在个人和公司之中,并随着公司和经营活动的聚集而得到加强。

在生产和其他经济活动中,无形的创造性资产的重要性已经大大提高。许多最终产品和服务,从谷物等简单的产品,到书和计算机,再到汽车,它们的大部分成本是 R&D、设计、广告、销售和法律工作等创造性资产的成本。现在,劳动力的成本不到汽车生产成本的 10%,其余成本则与各种创造性资产的贡献有关。而且,国际竞争日益通过新产品和新工艺展开,这些新产品和新工艺往往以知识为基础。产生新产品和新工艺的 R&D 活动具有高成本和高风险的特点,因此,以知识为基础的资源和资产的市场正日益开放,拥有这些资产的企业可以进行买卖。在追求提高竞争力的过程中,跨国公司对获取创造性资产,即主要的创造财富的资产和公司竞争力的关键源泉,给予了越来越重要的关注。跨国公司可以将 FDI 作为获取创造性资产和提高公司竞争力的主要手段。①

① UNCTAD, *World Investments Report* 1998: *Trends and Determinants*. New York and Geneva: United Nations 1998.

邓宁在 1998 年发表的《区位和跨国企业:一个被忽视的因素?》①一文中指出,在过去的 10 年中,跨国公司对外直接投资动机的最显著的变化就是创造性资产寻求型 FDI 的快速增长,这类 FDI 较少地强调利用既有的所有权特定优势,更加关注通过并购新的资产,或与外国公司建立合作伙伴关系来扩展自身优势。在某种程度上,这种 FDI 与早期的自然资源寻求型 FDI 有相似之处,但它们在区位选择上却有很大的不同。主要的原因是因为可以利用的创造性资产,如技术知识、学习经验、管理专长和组织能力等大都集中在先进的工业国家或较大的发展中国家。近年来创造性资产寻求型 FDI 增长的最好证据就是作为 FDI 形式的兼并收购的作用不断增强。根据联合国贸发会议(UNCTAD)1997 年的统计,在 1985—1995 年间,有 55%—60% 的 FDI 流量是以并购形式完成的。这些并购大部分集中于北美、欧洲和日本,主要集中于知识和信息密集部门。

20 世纪 90 年代以来,学术界开始越来越多地关注创造性资产寻求型对外直接投资的研究,出现了一大批有影响的研究成果。Kogut 和 Chang 1991 年在《技术能力和日本在美国的直接投资》②一文中,以实证研究的方法,重点考察了日本企业对美国投资的动因问题,即日本企业在美国的直接投资究竟是为了利用日本企业的特定优势,还是以获得美国的技术为目标。结果发现,日本企业更倾向于与美国企业建立合资企业以获得美国的技术。Chang 在

---

①　Dunning J. H. , *Location and the Multinational Enterprises*: *A Neglected Factor*? Journal of International Business Studies , 1998 , 29. 1. First Quater.

②　Kogut , Brule , and Sea-Jin Chang , *Technological Capabilities and Japanese Foreign Direct Internment in the United States*. The Review of Economics and Statistics 1991 , 73.

1995 年发表的《日本企业的国际扩张战略：通过顺序进入建立能力基础》①一文中指出，日本电子制造企业正在有步骤地进入美国市场，其主要动机是为了能力的发展。

阿尔梅德(Almeida)1996 年在《外国跨国公司的知识寻源：美国半导体行业的专利引文分析》②一文中指出，流入美国半导体行业的 FDI 所建立的外资企业，比美国国内企业更倾向于引用当时专利，这证明，在美国半导体行业中的外资企业的 FDI 的主要目标是获得当地的技术资源。Shan 和 Song 1997 年在《外国直接投资和寻求技术优势：来自生物技术行业的证据》③一文中指出，在美国生物技术行业中，外国直接投资的主要目标同样是寻求技术资源。

库玛(Kumar)1998 年在《全球化、外国直接投资和技术转移：发展中国家的冲击与展望》④一书中对正在兴起的发展中国家跨国企业创造性资产寻求型 FDI 进行了系统研究。库玛调查了来自亚洲新兴工业化国家和地区的跨国企业的创造性资产寻求型 FDI，发现在过去的 10 年中，亚洲新兴工业化国家和地区的跨国企业对发达国家的 FDI 增长迅猛，而且这些来自亚洲新兴工业化国家和地区的跨国公司通常利用对发达国家的 FDI 来增强它们的非

①   Chang, sea-Jin, *International Expansion Strategy of Japanese Firms*：*Capability Building through Sequential Entry*. Academy of Management Journal,1995,38.

②   Almeida, Paul, *Knowledge Sourcing by Foreign Multinationals*：*Patent Citation Analysis in the U. S. Semiconductor Industry*. Strategic Management Journal,1996,17.

③   Shan, Weijian, and Jaeyong Song, *Foreign Direct Investment and the Sourcing of Technological Advantage*：*Evidence from the Biotechnology Industry*. Journal of International Business Studies,1997,28(2).

④   Kumar, Names, Globalization, *Foreign Direct Investment and Technology Transfers*：*Impacts on and Prospects for Developing Countries*. New York：Rout Ledge,1998.

价格竞争力。与此相对应的是,这些公司对欠发达国家的 FDI 则主要是为了增强它们的价格竞争力。这些亚洲新兴工业化国家和地区的跨国企业将对发达国家的直接投资作为建立品牌、获得新的生产技术和获得更大的分销网络的捷径。这种意图典型地表现在对发达国家当地企业的进攻性并购和与当地供应商及顾客之间建立的"关系网络"方面。

近年来,技术进步的加快、日益激烈的公司之间的竞争、新市场的开放和公司特定资产流动性的增强,导致了跨国公司国际生产动机的重大变化。跨国公司越来越重视通过对外直接投资来扩展公司特定优势的问题。大量的研究证明,跨国公司的特定优势不仅来源于对专有资产的占有,而且还来源于获取或有效地协调东道国其他企业互补性资产的能力。这种观点的根本含义是公司所要寻求的关键资源和能力将更多地由某一特定空间所决定,而不是简单地存在于任何单个公司的内部。因此,那些倾向于通过FDI 建立优势的公司就会寻找机会投资于特定的区位(东道国),以获取和利用公司所需要的创造性资产。

正如邓宁在《国际生产的折衷范式:过去、现在和未来》一文中所指出的,以寻求创造性资产为目标的 FDI 已经成为现代公司战略的重要组成部分。对于跨国公司在全球范围寻求创造性资产动机的研究,为 FDI 分析框架的合理化提供了新的维度,促进了对传统 OLI 范式中各相关变量的重新组合。虽然相对于现有的资产利用型对外直接投资理论而言,以寻求创造性资产为目标的资产扩展型对外直接投资理论还处于幼儿期,但可以预言,在未来的十年中,对于创造性资产寻求型 FDI 的研究,必将提升跨国公司理论对现实的影响力,并对理论工作者提出新的挑战。

第二节　中国企业对发达国家的逆向投资：
　　　　创造性资产的分析视角

伴随着中国经济的崛起,一大批中国企业开始走出国门,开始了对外直接投资的历程。按照国际产业转移和跨国公司对外直接投资的一般理论,中国企业对外直接投资应该顺应产业梯度转移的趋势,主要面向发展层次更低的发展中国家和地区。然而,实际情况是,中国企业不仅开展这种顺向的对外投资,而且还大规模地开展对发达国家的逆向投资。后起的中国企业为什么要逆势而为,开展对发达国家的逆向投资呢?如何从理论上逻辑一致地解释中国企业的海外投资行为并对蓬勃兴起的中国企业国际化进程提供指导呢?这已成为理论界和实际部门共同面对的亟待解决的重大理论和现实问题。

一、中国企业对发达国家逆向投资的兴起

据联合国贸易与发展会议(UNCTAD)发布的《2005 年世界投资报告》显示,截止到 2003 年,中国已经有 2000 家跨国公司母公司,其海外分支机构数量达到 215000 家。据 UNCTAD 测算,截止到 2004 年年底,中国对外直接投资的总存量为 388.25 亿美元。另据商务部和国家统计局的统计,2004 年我国对外直接投资额为 55 亿美元,2005 年达到 69.2 亿美元。[①]

近年来,中国企业的国际化进程不断加快,许多行业领先企业

---

① 商务部、国家统计局:《2005 年中国对外直接投资统计公报》,http://www.mofcom.gov.cn。

开始将目光瞄准发达国家市场,采取海外投资建厂、跨国并购、设立海外研发机构等方式开展跨国经营,虽然短期绩效参差不齐,但其战略意图却显露无遗。这些企业包括海尔、联想、华为、TCL、中兴、海信、万向、华立、格兰仕、长虹、创维、远大、上海电气等。下面,选取海尔、联想、TCL 三家典型企业,对其逆向投资进程展开分析,以为后续的理论分析提供基础。

海尔的国际化采取的是"先难后易"的策略。所谓"先难后易"即是指首先在美国、日本、德国等发达国家建立信誉,创出海尔国际化品牌,然后再以高屋建瓴之势占领发展中国家市场。1990 年,海尔率先打入美国市场。经过几年开拓,海尔品牌已在美国赢得很好的声誉。到 1998 年,在美国销售的 184 升以下的冰箱中,有 20% 来自中国海尔。海尔洗衣机以连续无故障运行突破7000 次的测试成绩,大大超出了 5000 次的国际标准,大批量出口到家电王国日本。日本全国进口的全自动洗衣机,60% 来自海尔。在德国,中国海尔电冰箱始终居于亚洲出口德国第一名;在欧盟,海尔空调为中国出口欧盟第一名。

海尔进入美国市场采取的是"出口—联合设计—设立贸易公司—当地生产"的方式,坚持"先有市场,再建工厂"的原则。当海尔对美国市场的冰箱出口达到每年 50 万台时,海尔决定在美国当地建厂生产。1999 年 4 月 30 日,海尔在美国南卡罗来纳州建立了美国海尔工业园。园区占地面积 700 亩,年生产能力 50 万台。海尔不仅把生产基地设在美国,而且还开始在美国实施集设计、生产、销售"三位一体"的本土化经营。美国海尔的设计中心设在洛杉矶,以利用那里密集的智力资源,设计能够满足美国消费者需要的产品;生产中心设在土地、劳动力相对低廉的南卡罗来纳州;销售中心则设在商业信息集中的纽约。美国海尔工厂 2000 年的销售额为 7000 万美元。自投产开始,订单一直以每年 150% 以上的速度增长。海尔工厂 2000 年 9 月扩招 50 名工人,并延长了工作时间。工人从早上 6 点到晚上 10 点分两班高速运转,但生产速度仍赶不上订单增长的速度。2001 年,美国海尔工厂实现了赢利,当年在美国市场的销售总量达到 150 万台,销售额达 1.5 亿美元,在美国家电生产商中排名第 5 位。①

联想的国际化则采取了并购的方式。2004 年 12 月 8 日,联想集团在北京正式宣布,以总价 17.5 亿美元(6.5 亿美元现金、价值 6 亿美元的联想集团普通股、约 5 亿美元的净负债转到联想名下)收购 IBM 的全球 PC 业务。此次收购的资产包括 IBM 所有笔记本、台式电脑业务及相关业务(包括客户、分销、经销和直销渠道)、"Think"品牌及相关专利、IBM 深圳合资公司(不含 X 系列生产线)以及位于日本和美国北卡罗来纳州的研发中心。根据收购协议,联想和 IBM 将结成长期战略联盟,IBM 将成为联想的首选服务和客户融资提供商,而联想将成为 IBM 及其客户的首选 PC 供应商。

根据 IDC 对 2003 财年的统计数据,联想和 IBM 的个人电脑事业部销售额分别为 29.7 亿美元和 96 亿美元。通过此次收购,联想的年销售额达到 120 亿美元,年销售 PC 约为 1400 万台,在全球 PC 市场占有 8% 左右的市场份额,成为仅次于戴尔和惠普的全球第三大 PC 制造商。新联想的总部设在纽约的 Purchase,同时在北京和美国北卡罗来纳州的罗利(Raleigh)设立两个主要运营中心。新联想在全球有 19000 多名员工,研发中心分布在中国的北京、深圳、厦门、成都、上海、日本的东京以及美国北卡罗来纳州的

---

① 《海尔在美国》,海尔集团网站 http://www.haier.com。

罗利。公司的主要 PC 生产基地设在中国的深圳、惠阳、北京和上海。其他主要的制造和物流设施分别位于美国、墨西哥、巴西、英国、匈牙利、印度、马来西亚、日本和澳大利亚等。2005 年 8 月 10 日,在新联想成立 100 天之际,联想对外公布了 2005—2006 财年第一季度业绩报告,截止到 2005 年 6 月 30 日,联想集团(香港交易所:992ADR:LNVGY)第一季度营业额达到 196 亿港元,同比增长 234%。其中,笔记本营业额达到 93 亿港元,手机营业额达到 8.2 亿港元。原 IBM PC 业务实现了赢利。

TCL 是中国企业国际化方面最富进取精神的大型企业之一。继在越南、印度等发展中国家市场取得成功之后,2002 年 9 月,TCL 以 820 万欧元的价格收购德国名牌企业施耐德(Schneider)。施耐德是德国的一家上市公司,具有 113 年的历史,拥有 3 条彩电生产线,年生产能力 100 万台。施耐德的主要市场集中在德国、英国和西班牙,旗下有两个著名品牌:施耐德(Schneider)和杜阿尔(Dual),其中,施耐德号称"德国三大民族品牌之一"。20 世纪 90 年代,施耐德陷入亏损,2002 年年初,宣布破产。TCL 全面收购施耐德,不仅包括施耐德旗下的商标、生产设备,还包括其研发力量和销售渠道。

2004 年 1 月 28 日,TCL 出资 5.6 亿美元,合并、重组法国汤姆逊公司的彩电、DVD 业务。在新成立的 TCL—汤姆逊电子有限公司中,TCL 占股 67%,汤姆逊占股 33%。通过此项并购,TCL 获得了汤姆逊公司在法国、波兰、泰国等地电视机厂的控制权,同时拥有了位于美国印第安纳州布明顿的附属企业 RCA。TCL—汤姆逊电子公司采取多品牌策略进入不同的市场,在亚洲的新兴市场以推 TCL 品牌为主,在欧洲市场以推 THOMSON 品牌为主,在北美市场以推 RCA 品牌为主,并视不同的市场需求推广双方拥有的其他品牌。通过重组汤姆逊的彩电业务,TCL 的年彩电总销量达到 1800 万台,成为全球彩电行业的领先者。

2004 年 4 月,TCL 出资 5500 万欧元,重组阿尔卡特手机业务。新的合资公司中,TCL 占股 55%,阿尔卡特持股 45%。阿尔卡特的手机业务包括固定资产、客户关系网络、知识产权,以及 600 多名研发人员和营销管理人员并入新企业。2005 年 5 月,TCL 宣布,TCL 通讯(香港上市)将通过增发 1.41 亿股新股给阿尔卡特,换取阿尔卡特持有的 45% 的股份。由此,TCL 将阿尔卡特手机业务全部纳入公司体系,阿尔卡特则成为 TCL 通讯的战略投资股东。

2004 年,TCL—汤姆逊电子公司亏损 6200 万港元,与阿尔卡特的合资企业亏损 2.58 亿港元。2005 年上半年,由于 TCL—汤姆逊公司的欧美业务和与阿尔卡特重组后的手机业务整体继续亏损,TCL 集团净亏损达 6.97 亿元。[①]

二、传统的跨国公司理论难以解释中国企业的逆向投资行为

海尔、联想、TCL 等中国企业对发达国家市场的逆向投资行为从一开始就广受争议,因为这种行为很难在传统的跨国公司理论中得到合理的解释,或者说,传统的跨国公司理论通常并不认为这种逆向投资行为具有合理性和可行性。

如前所述,从海默的垄断优势理论到邓宁的折衷范式,其核心观点就是对外直接投资的企业必须拥有垄断优势,对外直接投资的过程也即是利用垄断优势,获取国际市场利润的过程。显然,这种分析范式很难解释中国企业的逆向投资行为。因为进行逆向投

---

① TCL 集团编:《TCL 动态》,2005 年,No.03 总 139 期。

资的中国企业从来不曾有过垄断优势,甚至不具备寡占优势。像海尔、联想、TCL、华为、格兰仕这样的中国企业都是在改革开放之后成立的,至今也不过二十余年的历史。在这么短的时间内,这些企业还面临着经济体制转轨、企业制度不断改革的种种难题,加之1993 年后,国际跨国公司纷纷抢滩中国市场,对年轻弱小的中国企业形成了巨大的冲击。中国企业在这样的体制条件和竞争环境下发展,需要克服巨大的困难,时刻面临生死的考验。在与跨国公司同台竞争的过程中,这些中国企业并不具有跨国公司那样的技术优势和管理水平。弱势的中国企业要想生存和发展,必须建立与西方跨国公司不同的竞争优势,这些竞争优势主要表现为针对中国市场需求特点的产品定位能力、低成本制造能力、良好的销售渠道和市场开拓能力。这些能力往往是西方跨国公司在进入中国市场时难以具备的,因此,后起的中国企业可以以此为竞争武器,在特定的行业内站稳脚跟并赢得市场竞争。中国企业的竞争优势主要表现为在全球性产业的成本优势和切合中国市场特点的本土优势。在绝大部分技术或资本密集型行业,中国企业基本不具备技术、品牌或全球销售网络的优势。从这个意义上讲,建立在垄断优势基础上的跨国公司理论很难对中国企业的逆向投资行为做出有效的解释。

那么,现有的发展中国家跨国公司理论能否解释中国企业的逆向投资行为呢? 现有的发展中国家跨国公司理论以威尔斯(Louis T. Wells)的小规模技术理论[①]和拉尔(Sanjaya Lall)的技术

---

① Wells, L. T. , *Third World Multinationals*. Cambridge, Massachusetts: MIT Press,1983.

地方化理论①为代表。按照威尔斯和拉尔的观点,发展中国家的跨国企业拥有的优势主要在小规模制造和技术地方化两个方面。发展中国家跨国企业的技术特征表现为规模小、使用标准技术和劳动密集型,但这种技术的形成包含着适应当地条件的创新活动,因而它们的产品能够更好地满足当地或邻国市场的需要。这种创新活动形成的竞争优势使发展中国家的跨国企业具有到更穷的国家发挥作用的巨大潜力。显然,这种理论只是弗农产品生命周期理论在发展中国家的一种延伸,只能有限地解释中国企业对更穷国家的顺向投资,而难以解释中国企业对发达国家的逆向投资。

三、中国企业逆向投资的战略动因是寻求创造性资产

　　面对传统跨国公司理论在解释中国企业逆向投资方面面临的困境,理论界需要寻求新的思想和新的概念,以推进跨国公司理论的创新。缺乏垄断优势的中国企业为什么要对发达国家进行逆向投资呢? 显然,在这里,短期利润不是主要的推动因素。不管是在当地建厂,还是并购当地企业,中国企业进入发达国家市场均带有明显的战略动因。这些战略动因是什么呢? 概括地讲,就是寻求创造性资产,建立全球竞争的资源和能力基础。

　　寻求创造性资产意味着必须以动态的观点来看待跨国公司的竞争优势。跨国公司的对外直接投资不仅是利用优势的过程,而且也是构筑新的竞争优势的过程。在经济全球化的新型竞争条件下,对外直接投资不再以垄断优势为先决条件,拥有局部竞争优势的后发企业可以通过对外直接投资的方式获得创造性资产,形成新的竞争优势。中国企业的局部竞争优势是在与跨国公司的直接

---

① Lall,S.,*The New Multinational*. Chichester: John Wiley & Sons,1983.

竞争中形成的,这些优势使一批中国企业在技术相对成熟的行业逐步取得相对有利的竞争地位,这为中国企业进入发达国家市场或整合西方跨国公司的弱势业务提供了可能。由于中国企业是在产业全球化过程中,通过承接西方跨国公司转移的相对成熟的劳动密集型产业或产品而逐渐发展起来的,中国企业在竞争中逐渐形成了以质量控制、低成本制造和针对中国市场的本土营销为核心的局部竞争优势。这种竞争优势及其竞争战略切中了西方跨国公司的要害。面对日益加大的成本压力,西方跨国公司开始淡出这些缺乏竞争力的行业或产品领域,从而为中国企业进行全球扩展留出了空间。如果成长中的中国企业顺着全球产业传递的链条向更穷的国家进行直接投资,那将能够利用自身的优势并获得较好的利润回报。但顺向投资的一个重大隐患是中国企业可能会被锁定在全球产业分工的低附加值环节,并长期处于产业核心活动的外围。从这个意义上讲,顺向投资对于中国企业长期竞争地位的提升只能起到有限的作用。在与西方跨国公司的正面竞争中,成长中的中国企业越来越深刻地感受到核心竞争能力的极端重要性,感觉到核心技术、品牌、全球化的经营网络和卓越的管理能力在未来竞争中的关键作用。要与西方跨国公司进行长期竞争,中国的优秀企业必须将自己打造成具有全球资源整合能力的跨国公司。要想在激烈的全球竞争中掌握自己的命运,中国企业必须在全球范围内重构自己的资源和能力基础,寻求和获得重要的创造性资产——如创新技术、商业信息、全球化的管理技能等。这使得中国企业对发达国家的逆向投资在其发展战略中占有举足轻重的地位。

由于发达国家技术人才集中,支持性基础设施完善,具有较强的创新精神和很高的生产效率,这为研究开发活动和新技术的产生及应用提供了得天独厚的条件。世界范围内绝大部分新技术和新发明都集中在发达国家,新技术在市场上的应用也从发达国家开始。中国企业可以通过对发达国家的直接投资,利用创造性资产外部性的特点获得发达国家和当地企业的创造性资产。外部性是指创造性资产开发使用过程中的溢出效应。知识的研究开发过程成本高,但是由于存在溢出效应,企业难以获得创造性资产投资的全部收益,只能获得次优收益,而其他企业通过直接投资使用这些知识的成本却很低。

以知识为特征的创造性资产由于转移成本高,市场交易往往会受到一定的限制。大多数创造性资产具有暗默性(Tacit),可编码性差,内容比较模糊,使用中难以察觉,因而交易困难,其转移的特征是组织化,需要一个组织工具才能有效转移。创造性资产的有效转移更多地依赖于人员的直接接触、人际沟通和指导性的实践活动,因此,中国企业只有采取跨国公司的组织形式,将其分支机构植根于当地市场,才能吸收和消化当地的创造性资产,而单纯的许可证交易往往难以达到预期目标。

中国企业以寻求创造性资产为目标的对发达国家的逆向投资可以采取多种形式,其中最常见的是当地建厂、设立技术监听站和跨国并购三种形式。这些形式既可单独使用,也可混合使用。

通过在发达国家当地建厂,中国企业可以在发达国家建立一体化的生产经营体系,并通过这个生产经营体系发展起与当地供应商和销售渠道的紧密联系。这种联系是企业之间知识和技能传播的重要途径。通过在当地建厂,中国企业可以直接雇用发达国家的优秀技术和管理人才,在第一时间获得新产品和新工艺的最新信息,及时认识和把握新的行业机会。由于置身于发达国家的竞争环境,中国海外投资企业可以通过"干中学"来不断提高自己的技术和管理水平,更快地缩小与发达国家竞争对手的差距。当地建厂可以提高中国企业在发达国家的一体化经营程度,促进企业在当地"扎根",这可以使中国企业更好地了解行业中的技术、质量、规模和成本需求,跟上技术发展和变化的步伐。

在发达国家建立技术监听站也是中国企业获取创造性资产的一个重要方式。技术监听站(Technology Listening Post)是企业知识开发系统中担负着获取外部知识的外围机构,通常设立在国外知识创新集群所在地。技术监听站相当于企业的眼睛和耳朵,能有效地听取和管理来自全球的知识源。技术监听站既可以与当地建厂相配合,也可以单独设立。例如,海尔在发达国建厂的同时,还在全球建立了4个信息中心、6个联合开发研究院和6个设计中心。这些机构与海尔分布在全球的45个制造单位、13个工厂、3万个经销网点一起,构成了海尔的全球信息网,能够及时地获得国际最新的科技和市场信息。我国许多尚未在发达国家投资建厂的企业,也将设立技术监听站作为进入发达国家市场的前哨阵地。例如,长虹与东芝在日本合作设立研究与设计机构,科龙在日本神户投资设立技术开发机构,小天鹅在美国和日本独资设立研究机构,海信在美国独资设立技术开发机构,华为则在海外设立了美国硅谷研究所、美国达拉斯研究所、瑞典研究所、印度研究所和俄罗斯研究所等5个研究所。中国企业通过在美国、日本、欧洲等技术密集地区(包括少数发展中国家的先进技术集聚区,如印度的班加罗尔)设立技术监听机构,可以最大化地利用发达国家技术集聚地的溢出效应,及时跟踪和获取东道国和竞争对手的最新知识。在知识发源地建立技术监听站是中国企业以有限的投资获取外部暗默性知识的一种有效方法。

　　通过并购发达国家的某些困难企业或某些企业中经营不善的业务部门,是中国企业获取创造性资产的又一重要方式。并购方式相对于新建方式在速度上可能更有优势,同时并购不需要增加生产能力,可以避免加剧当地市场的竞争。由于中国企业研发能力较弱,品牌的知名度较低,跨国并购可以使中国企业迅速获得研发资源、技术诀窍、专利、商标以及供应与分销网络。随着以知识为基础的资产和高技能的雇员与工作团队在国际竞争中的作用日益增强,中国企业越来越多地采取跨国并购的方式进入发达国家市场。例如,华立集团收购飞利浦的 CDMA 手机芯片软件设计及相关业务部门、华为收购美国 Cognigine 公司、万向集团收购美国洛克福特公司、中国网通收购美国亚洲环球电讯公司、上海电气收购日本秋山公司和德国沃伦贝格公司、沈阳机床收购德国希斯公司等。跨国并购可以使中国企业充分利用发达国家产业转型和企业重组的机会,提高获取创造性资产的效率,但是,跨国并购同时也是风险最高的创造性资产获取方式。由于中国企业缺乏跨国经营的经验,往往难以正确评估被并购企业的真实价值,同时,由于创造性资产具有无形、隐性的特点,很可能会随着关键人员的流失而流失。要通过跨国并购有效地获得创造性资产,中国企业必须具备较强的整合能力。并购后的整合包括供应链和生产的整合、销售体系和客户体系的整合,以及人力资源、管理团队和企业文化的整合。其中,最为根本的是文化整合。在并购发达国家企业的过程中,中国企业由于其后发特征,在文化上往往处于弱势,而发达国家的老牌企业往往具有较强的文化认同度,加之国家之间存在的巨大文化差异,中国企业很难以自己的文化去整合对方的文化,而必须学习、吸收被并购企业文化中的有益成分,形成一种新型的企业文化,这对于成长中的中国企业无疑是一个巨大的挑战。

中国企业必须跨越跨文化整合的门槛,通过有效的跨国并购,达到获取创造性资产的目标。

第二章　中国企业创造性资产获取的国际化模式分析

对于中国企业而言,影响竞争优势的关键因素是其资源基础过于狭窄和创造性资产的缺乏。在全球化竞争与信息化社会的知识经济时代,创新驱动已成为未来竞争的主要形态,如何获取创造性资产,建立新的竞争优势,将是中国企业面临的最大挑战。在全球经济一体化背景下,如果将视野局限于国内,单纯依靠企业现有的资源进行创新,只能使我国企业在知识、技术和管理能力等方面与发达国家企业的差距越拉越大。我国企业只有实施创造性资产获取的国际化战略,通过加快企业国际化经营的步伐,构建知识创新的外部联结网络,充分利用国内外两种资源,才能在全球竞争中建立自己的竞争优势。

一般来说,企业的资源主要不是来自于公开的市场,而是来自于企业之间的直接协约关系,因此,在全球经济互动的今天,企业之间的多重联系,可以为中国企业提供潜在的优势,如果中国企业能够使自己的战略与跨国公司的战略互补,为其提供投入和有价值的服务,那么,它将有机会获得更多的优势和产业升级的机会。对于跨国公司的每一个战略目标或动机都会有企业愿意提供互补资源或服务,如外包合同、当地采购和技术许可等,这些战略服务于跨国公司的战略需要,就是中国企业起步并建立竞争立足点的机会,并很快会转化成杠杆和学习的机会。后进企业可以通过联盟和各种形式的股权合作来控制和利用外部独特的战略资源或战略要素,强化企业的战略环节并扩展价值链以增强企业的总体竞争能力。后进企业可以利用初始的成本优势与跨国公司建立第一次合作,加入到全球价值链中,从而获得一定的制造技能和成熟的产品技术,这些知识转化为吸收能力,可以进一步获取更多的创造性资产。

第一节　后进企业创造性资产获取的相关理论

在过去的十多年间,东亚地区,尤其是许多韩国和台湾地区的新建企业成功地跻身于半导体和信息产业强者之林,在半导体和IT行业涌现出了一批在全球市场中具有竞争优势的公司,如三星、LG、现代、台积电、宏碁等。这些企业都是典型的后进企业,但它们成功地实现了追赶和超越。后进企业缺乏资源,导致其无法建立相应的能力,它们在产业中是孤立的,缺乏熟练的管理和技术人员,没有先进的技术和市场(Hobday,1995)。Mathews(2002)提出后进企业有着以下几个共同的特征:在产业进入方面,后进企业进入某一行业并不是战略选择,而是历史原因导致的;在资源方面,后进企业缺乏创造性资产,尤其是缺少技术和市场准入(Market Access);在战略意图方面,后进企业实现追赶是首要目标;在竞争地位方面,后进企业拥有一些初始的竞争优势,通常为低成本制造,它可以使企业在产业链中获得一个位置。

从资源基础观的观点来看,后进企业的成功有些不可思议。资源基础观认为行业领先者会通过规模经济、转换成本等方式阻碍后进企业进入或建立自己的品牌。资源基础观所强调的持续竞争优势也是以公司已经拥有的竞争优势为基础,侧重于讨论企业如何通过增强或拓展其资源基础来建立并维持这种优势。这些理论未能深入地探究这些企业如何建立初始的竞争优势，以及企业如何获得建立初始竞争优势的创造性资产，因而不能很好地说明资源短缺的后进企业的成功。Barney(1986)认为战略性资产是企业在还没有意识到该资产在未来的战略重要性情况下无意获得的，Dierickx & Cool(1989)则认为企业获得战略性资产是一个幸运的(luck)和非理性(non-rational)的过程，因此没有必要去分析。然而在探讨后进企业如何获得战略性资产时这个问题就变得非常重要。实际上，许多后进企业和其他一些能力不及的企业想进入竞争激烈的市场时，会采取一个理性的、有计划的行动来获取一些资源为进入市场奠定基础。资源基础观认为企业的竞争优势来自于具有稀缺和不易模仿性质的资源的组合，但是这种理由对解释后进企业的成功并不适用，许多后进企业都是从获取容易模仿、容易替代、容易转移的资源的过程中不断提升竞争优势的。

韩国和中国台湾地区企业成功的案例，对发展中国家企业如何进入知识密集型产业具有很好的解释和借鉴作用。它们说明了持续的竞争优势是会被暗中破坏的，进入障碍是可以被克服的。由于创新的作用，模仿策略和紧跟策略能使先行与后进企业之间的竞争优势发生转化。自 20 世纪 90 年代以来，许多学者开始从企业或产业层面来讨论韩国和中国台湾地区企业的成功。其中有代表性的学者包括 Kim、Hobday、Mathews、Wong 等人。

一、Hobday 与"OEM – ODM – OIM/OBM"战略

Hobday(1995)认为"OEM – ODM – OIM/OBM"是后进企业发展的共同路径(如图 2—1)。这种发展模式在亚洲的 IT 行业中最为常见。许多 PC 企业最开始从事 OEM(Original Equipment

Manufacturing)，由采购方提供详细的产品设计，这样，企业就有机会学习上游的产品设计技能，逐渐成长为 ODM（Original Design Manufacturing）制造商，此时发包方只需提供简单的产品需求，将产品细节设计留给 ODM 企业。在此基础上，少数 ODM 企业，开始生产带有自主想法的产品（OIM，Original Idea Manufacturing）或者自创品牌（OBM，Original Brand Manufacturing）。实际上，在这一过程中，技术能力的发展是从获取制造能力开始的，然后扩展到产品设计能力，最后是新产品创造能力和品牌营销能力。①

技术引进－－－→增量工艺调整－－－→过程创新

产品设计能力－－－－→产品创新

（OEM）　　　　　　　　　（ODM）　　　　　　（OBM）

图 2—1　Hobday 的后进企业追赶学习模式

二、金麟洙的"引进—模仿—创新"战略

韩国学者金麟洙（Kim L S）提出后进企业可以通过"获得—消化吸收—改进"三阶段来提升技术和管理能力。金麟洙认为，后进企业的创新与发达国家企业的创新不同，发达国家企业以 R&D 为中心，依据产品生命周期，从导入阶段到成熟阶段，逐步进行产品开发、推向市场、改进生产过程；而后进企业的创新则始于产品的成熟阶段，以工艺创新带动产品开发，以成熟技术为平台进

---

① Hobday, M. , *East Asian latecomer firms*: *Learning the Technology of Electronics*. World Development, 23 (7), 1995.

行二次创新,逐步缩小与先进国家企业之间的技术差距(如图2—2)。①

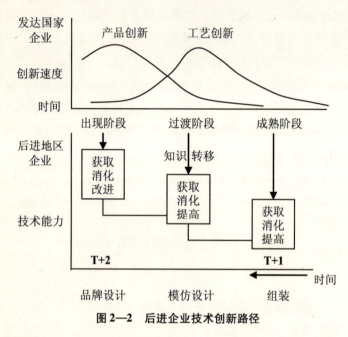

图2—2　后进企业技术创新路径

通过这一模式导入成熟技术可以实现追赶,但很难跨越。金麟洙提出后发国家企业的技术发展不仅发生在特定领域中成熟技术的传播过程中,而且发生在正在发展和成长的新技术领域,从而在发达国家产品和生产工艺尚未成型的时候就总结出新型的技术,向发达国家企业发出挑战(如图2—3)。例如,一些韩国企业在导入成熟技术之后,正积极采用"中间进入"创新战略,进一步逆向导

① 金麟洙:《从模仿到创新——韩国技术学习的动力》,新华出版社1998年版。

图 2—3　金麟洙后进企业中间进入学习模式

入发达国家的 R&D"中间"成果,以降低创新成本、缩短创新周期。

三、Mathews 的资源杠杆获取模式

澳大利亚学者 John A. Mathews 提出的资源杠杆(Resources Leverage)模式①认为,如果缺少创造性资产,利用资源杠杆作用从企业外部获得创造性资产是一个快速有效的方法。资源杠杆作用是指通过组织学习将不同来源的资源结合并产生竞争优势的过程(Mathews & Cho,1999;Mathews,2002)。

资源杠杆的定义,最早是由普拉哈拉德(C. K. Prahalad)和哈默(G. Hamel)在 1990 年提出来的②,最初是用于解释跨国公司如何通过联盟和各种形式的合资企业来控制和利用外部独特的战略资源或战略要素,强化企业的战略环节并扩展价值链以增强企业的总体竞争能力。这一概念同样适用于发展中国家的后进企业。以往研究的重点是从技术扩散和技术转移的角度来研究企业的技术发展战略,而忽视了"资源杠杆"的作用,认为推动企业之间技术转移的主要力量来自于发达国家企业,而不是后进企业自身战

---

① Mathews,J. A. , *Competitive Advantage of the Latecomer Firms: A Resource-based Account of Industrial Catch-Up Strategies*. Asia Pacific Journal of Management,19, 2002.

② Prahalad,C. K. and G. Hamel,*The Core Competence of the Corporation*. Harvard Business Review,May- June 1990.

略性积累的需求,忽略了后进企业如何通过努力将包含在经营过程中的知识基础转移转化为杠杆和学习机会的问题。Mathews 认为,可以用资源杠杆的概念来解释后进企业成功跻身于高新技术行业的问题,并提出了"关联(Linkage)—杠杆获取(Leverage)—学习(Learning)"的后进企业资源获取的模式。Mathews 认为,后进企业应该采取与其资源基础相匹配的战略,从世界范围内获取技术、知识和市场。后进企业实行资源杠杆战略的途径有很多,如低成本的外包、技术许可、联盟、并购等,杠杆获取可以使企业在全球生产链上获得一个立足点,后进企业可以利用这个立足点杠杆获取更多的资源,并将它们转化为自身的能力。

资源杠杆战略的成功与否取决于两个关键因素:一是企业吸收外部资源的组织学习能力,二是正确地选择杠杆获取的资源目标。企业选择的目标资源通常是跨国公司所掌握的资源中那些相对容易模仿、容易替代、容易转移的资源。

四、Poh-Kam Wong 的五种技术发展路径理论

新加坡国立大学 Poh-Kam Wong 认为,Kim、Hobday 的研究主要集中于半导体和 IT 行业,忽略了国家、地区之间的不同环境。Wong 通过对韩国、中国台湾地区、新加坡企业的技术创新战略进行研究,整合了企业资源基础观、创新网络和制度经济学等方面的观点,提出了五种后进企业技术发展的路径。[①]

Wong 将企业的技术能力分为两部分:产品技术能力(Product

---

① Poh-Kam Wong, *National Innovation Systems for Rapid Technological Catch-up: An Analytical Framework and a Comparative Analysis of Korea, Taiwan and Singapore*. Paper Submitted to the DRUID Conference on Innovation Systems, June 9-12, 1999, Denmark.

Technological Capabilities)和工艺技术能力(Process Technological Capabilities)。并按照上述两个维度将后进企业的技术发展路径分为五种(如图 2—4):反向价值链战略(Reverse Value Chain Strategy)、反向产品生命周期战略(Reverse Product Life Cycle Strategy)、制造能力专业化战略(Process Capability Specialist Strategy)、产品技术领先战略(Product Technology Pioneering Strategy)、技术应用领先战略(Application Pioneering Strategy)。

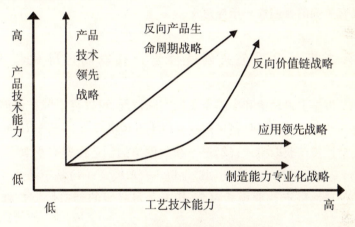

图 2—4　五种普遍性的技术能力发展路径

五、对各种理论的评价

Hobday 和 Kim 主要从创新的角度对企业技术获取的过程进行分析。Kim 模式是一种从韩国企业的经验中得出的以技术引进为主导的创新模式,它从知识的特点出发,着重分析了企业的内部学习机制。Hobday 将后进企业的发展路径归结为"OEM – ODM – OBM",比较适用于半导体和 IT 行业中的企业,尤其是技术水平较低的情况。Wong 和 Mathews 的理论则是基于资源基础观。Wong

对各种知识获取模式进行了横向比较,以各个国家、地区和企业的不同之处为关注焦点,强调将内部学习和外部创新网络结合在一起。Mathews 的理论强调的不仅是技术创新,而且包括各种资源和能力的获取和整合,是对传统资源观的进一步深化,提出了后进企业的资源观,将普拉哈拉德和哈默的资源杠杆定义用于后进企业,提出了针对资源缺乏企业的杠杆获取战略,强调资源的组合和利用。对后进企业而言,Mathews 的理论揭示了资源获取的机制,具有更强的普遍性和指导意义。

第二节　中国企业创造性资产获取的国际化模式

根据上述理论和中国企业的实际情况,可以将中国企业创造性资产获取的国际化模式概括为以下五种类型:(1)基于 OEM 的创造性资产获取模式;(2)基于旗舰网络的创造性资产获取模式;(3)基于海外技术监听的创造性资产获取模式;(4)基于海外并购的创造性资产获取模式;(5)基于学习联盟的创造性资产获取模式。

一、基于 OEM 的创造性资产获取模式

后进企业可以通过 OEM 的方式切入跨国公司的全球价值链,在与跨国公司合作的过程中学习产品设计、大规模制造和质量控制技术。许多韩国和中国台湾地区的企业,尤其是 IT 制造企业,就是通过利用当地低价格的制造资源,为美国、日本等 IT 国际巨头提供 OEM 服务而获得发展的,并成功地学会了先进的制造技术。目前我国许多企业面临着与当时韩国、中国台湾地区企业相近的状况,对于缺少资金、技术和品牌领导力的许多中国企业而

言,OEM是一种较为可行的获取创造性资产的战略选择。

（一）OEM与创造性资产转移

OEM对于那些后发展型跨国公司海外扩张的初期阶段具有重要意义:第一,从事OEM可以利用现有竞争优势,如成本低、规模大,来弥补企业产品知名度低的不足,充分利用国际品牌的利润空间,迅速占有市场份额。第二,它能使企业在尽可能短的时间内缩短与国际企业之间的差距。外包商经常派工程师帮助OEM企业,以使产品达到国际质量标准。这些支持能够带来隐性知识,从而提升OEM企业在设计、管理、工艺技术、设备水平、职工素质、产品品质和技术标准等方面的专业化水平。第三,OEM是企业产品从国内走向国际的重要桥梁。在从事OEM生产的过程中,企业可以逐渐学习和掌握国际竞争规则,了解全球客户的不同需求,逐渐在国外厂商中建立信誉,掌握产品外销的渠道。

有些学者批评我国企业的OEM模式,认为OEM生产获得的创造性资产通常是一些非核心技术。但是,应该看到,跨国公司为了保持全球领导地位,往往非常注意对技术的控制。实际上,跨国公司无论采取什么方式转移技术都不可能是最新和核心的技术。只有在技术变得成熟化之后,跨国公司才会给落后企业进入某一行业打开一扇方便之门。对于许多中国企业而言,只有通过OEM合作,与跨国公司在价值链上形成战略互补,为其提供资源投入或有价值的服务,才有机会学习和掌握这些相对成熟的技术,并以此为基础向产业价值链的上下游拓展。OEM只是一种特定阶段的战略选择,是一种积累创造性资产的学习过程,其最终目标是反向整合,即用中国企业的制造能力和市场优势去整合国外公司的品牌、技术和全球营销网络等,最终成长为能与跨国公司直接竞争的国际化企业。

（二）OEM模式中创造性资产的杠杆获取过程

依据资源杠杆原理，中国企业通过OEM的形式获取创造性资产，建立竞争优势，需要经过如下过程：

第一，在全球价值链中获得立足点。在我国企业成长的过程中，首先要寻求与发达国家企业合作的机会，用提供服务和参与相关的价值活动等形式来建立自己的产业立足点。在每一次新旧技术和产品替代之际，领先企业之间都必将对行业领导地位进行激烈的争夺，并对业务进行重组，此时便会给我国企业提供许多合作、合资或联盟的机会。

第二，中国企业必须将劳动力成本的比较优势转化为制造水平的优势，并将制造能力发挥到极致，从而成为行业的"制造寡头"。也就是说，经过学习，中国企业能够使自己在相关价值活动中创造的附加值远远高于跨国公司自己生产的附加值和竞争对手的附加值，使企业在工艺流程、质量控制等制造技术方面形成自己的竞争优势，同时在原材料、零部件供应方面形成自己的网络或集群，这样就能提高与跨国公司的讨价还价能力。

第三，由模仿到形成自己的产品设计能力。企业采取OEM方式可以产生良好的短期回报，但不知不觉中企业会减少对研发的投入，这势必会损害企业创造性资产建立的基础。中国企业在OEM过程中应该有危机感，不能甘于居于产业价值链的末端，要营造一种危机感，建立学习机制，通过消化、吸收、学习，实现从模仿到建立自己的产品设计能力的转变，不断加强制造优势，提升创造性资产水平，只有这样，才能逐渐形成对跨国公司的反向整合能力。

第四，形成自己的研发能力和研发网络。随着企业创造性资产水平的提升，中国企业需要获得行业中的核心技术并建立自有品牌。由于这些资源往往是跨国公司竞争优势的主要来源,跨国公司对这些资源的保护会越来越强,中国企业通过 OEM 的形式模仿学习的难度会增加。解决这一问题的关键是进行自主的技术升级。中国企业可以有选择地进入新一代产品的开发,采取另起炉灶的技术创新策略,跳跃式地提升技术能力。

（三）中国企业的 OEM 新战略

中国企业的 OEM 战略不能完全照搬韩国的经验。韩国企业的 OEM 模式是在政府的保护下发展起来的,而目前中国市场开放程度更高,外包业务的跨国公司往往会割断代工企业与海外市场之间的联系,试图从代工模式中获得最大的利益。在这种情况下,中国企业有可能被锁定在 OEM 关系中,阻碍了建立独立品牌和营销网络的通道,从而更加依附于跨国公司的订单。另外,由于OEM 的利润比自主品牌的利润薄,从而导致中国企业难以积累从事新产品开发所需的资金。因此,中国企业在实施 OEM 战略时,应当坚持贴牌与自有品牌并重,模仿与自主创新并重的战略。

1. 复合 OEM 战略

中国企业可以选择 OEM 与 OBM 同时发展的"复合 OEM"战略,即寻求二者之间的平衡,在国内市场坚持 OBM 战略,在国外市场实施 OEM 和 OBM 并存,逐步发展 OBM 的战略。韩国在发展的初期,通过一系列政策限制外国公司的进入,而在我国,大量的跨国公司已经进入中国市场,并在积极推行当地化战略,如果中国企业仍然坚持按照由"OEM - ODM - OBM"的顺序发展,必然会错失发展良机,只能将国内市场拱手相让。目前,跨国公司尚未完成在中国市场的战略布局,产品主攻高端市场,而中国企业拥有较强的制造能力和比较完善的市场通路。中国企业应该抓住这一时机,在进行 OEM 的同时,利用自己在成本、渠道和了解当地市场方面的优势抢先占领国内市场,在国内市场实行 OBM 战略,然后以国内市场为基础进行国际化。

在国际市场上推广自有品牌的压力主要来自于两个方面:一是中国企业与国际性大公司之间还有很大的技术差距,在国际上市场上一直是"低价低端"的品牌形象,要改变这种状况需要大量的投入和时间。二是以自有品牌进入国际市场,意味着与跨国公司的直接竞争,可能会招致跨国公司的强烈反击。因此,中国企业应该把 OEM 业务作为保护品牌生存的一种手段,通过 OEM 利用国际知名企业的品牌、销售及服务网络等创造性资产,把自己的产品成功地打入国际市场。这样,可以巧妙地避开市场开拓、品牌投资等风险,实现全球市场的低成本扩张。随着在国际市场上占有率的不断提升,中国企业可以在国际市场上逐步推出自有品牌。

格兰仕采取的就是这样的战略。格兰仕最初选择在国内市场自创品牌和在国外市场贴牌生产的方式,既是被动的也是明智的。随着企业国际市场占有率和技术水平的提高,从 1997 年到 2004 年,格兰仕的出口产品总量中,自有品牌与贴牌产品总量之比从 1:9 上升到了 4:6,在许多市场上与国际知名品牌展开了直接的市场竞争。目前格兰仕的 OEM 生产,更多的是一种规避反垄断、反倾销等国际市场风险的战略选择。格兰仕目前为全球 250 多家跨国企业代工生产微波炉。它采取的以"产品占有率"稀释跨国企业的"品牌占有率"的策略,奠定了其在全球微波炉行业的霸主地位。

2. 研发与 OEM 并行战略

中国企业为了在制造能力与产能方面制约分包商,需要进行大规模的专用性资产投资,但是,专用性资产投资如果被跨国公司所控制,将面临较大风险。因此,中国企业在 OEM 的同时,要高度关注研发投入,特别是在达到一定的生产规模之后,必须将研发活动置于重要的战略地位。格兰仕之所以能在全球市场建立自有品牌,其基础就是自身研发能力的提升。1996 年,格兰仕在中国总部成立家用电器科研所;1997 年,格兰仕在美国成立家用电器研究中心,大举吸纳海外权威技术专家,专门从事家电产品尖端技术以及新材料、智能化的应用研究。1998 年以来,格兰仕一直保持占全年销售额 3% 的研发投入;2000—2004 年四年间,格兰仕的研发投入超过 10 亿元。强大的研发投入使格兰仕拥有包括新一代球体微波技术、微波增强补偿技术、多重防微波泄露技术、磁控管延寿技术、光波技术等在内的 600 多个专利专有技术。格兰仕成功地走过了技术的引进、吸收阶段,开始全面掌控微波炉核心技术,并能向许多跨国公司输出其核心技术和核心零部件。2001 年 6 月,格兰仕推出世界上第一台"数码光波微波炉",标志着格兰仕具有自主开发全球领先的新产品的能力。格兰仕的光波技术已成为日本、韩国的著名跨国公司学习和模仿的对象。

3. OEM 集群战略

丰富、廉价和富有技能的劳动力资源和集群优势是中国企业发展 OEM 的重要条件,中国制造应当利用自身在制造规模上的优势反向整合国外优秀企业的品牌和技术资源。例如,在广东顺德,除了劳动力成本低这一中国企业普遍拥有的优势外,还具有产业群体优势,即行业配套优势。顺德不仅造就了格兰仕、科龙、美的等知名家电品牌,还孕育了星罗棋布的零部件供应商和方便快捷的物流体系,形成了较为完整的家电产业供应链。这些生产优势在全球可能都是绝无仅有的,在很长一段时间内这种优势都不会消失。OEM 集群模式在生产环节上能够实现专业化生产和组织管理,能够享受到规模经济和范围经济的利益,促进企业的规模化发展。通过 OEM 集群,可以形成具有全球影响力的制造基地,从而为反向整合行业中的品牌和技术资源创造条件。

二、基于旗舰网络的创造性资产获取模式

并不是所有为跨国公司提供零部件或 OEM 生产的企业,都能沿着"OEM – ODM – OBM"的发展路径成为拥有自主品牌,在全球终端市场上与跨国公司直接竞争的先进企业。受到资源的限制,许多中小企业选择了加入跨国公司全球生产网络,集中资源为大型跨国公司提供专业制造服务或零部件,逐步成为在自己的专业领域内具有国际竞争优势的企业,我们将这种战略称之为基于旗舰网络的创造性资产获取战略。

（一）旗舰网络的定义

旗舰网络包括了企业内和企业间的交易与协调,网络将跨国公司及其子公司、供应商、服务提供商、联盟中的伙伴联系在一起,包括股权和非股权联盟（如图 2—5）。这种网络模式的主要目的是快速低成本地提供与旗舰企业核心能力互补的资源、能力和知识。旗舰网络企业内部的分工外部化,变为社会分工,用外部规模经济来代替大企业的内部规模经济,有利于实现"地区规模经济"和"零部件规模经济"。

传统的企业间的网络组织研究存在着"旗舰企业偏见",过分关注网络中的领导企业的资源整合和能力发展,忽略了网络组织对于知识扩散,尤其是知识密集的支持性服务扩散的影响,忽略了网络中作为产品或服务供应商的中小企业知识获取的问题。从中小企业角度来看,加入旗舰网络可以节约交易成本,获得利润,但真正的利益却来自于知识和互补能力的传播、交换和外部获取（Ernst & Kim,2001）,网络中虽然没有正式的研发活动,但是网络

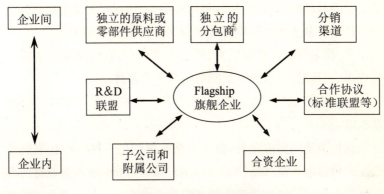

图2—5　旗舰网络模型

关联通过非正式的途径促进了全球创造性资产的扩散和共享。因此,对中小企业而言,可以通过加入旗舰网络获得创造性资产。网络中的成员企业经过长期稳定的合作之后,还会产生相互锁定的效应,形成上、下游产业紧密结合的生产体系,从而提高竞争对手加入网络的门槛,拥有相对于其他具有制造成本优势地区的先发优势。加入旗舰网络,逐步积累创造性资产,是我国许多中小企业谋求长期发展的重要途径。

　　这种模式与基于OEM的创造性资产获取模式有所不同,最根本的区别有两个:一是发展战略不同。基于OEM的成长战略目标在于反向整合,向微笑曲线的两端发展,建立终端市场的竞争优势,如PC行业的中宏碁。旗舰网络合作主要发生在供求双方之间,供应商在终端市场上没有自己的品牌,或品牌势力微不足道,二者在产业链上垂直分布,在终端市场上没有直接竞争,虽然网络中也会发生一些OEM业务,但这种业务只是纯粹的提供高质量的专业制造服务,不存在前向整合的趋势,如半导体行业中的台积电。二是创造性资产获取的目标不同,基于OEM的成长战略是为了获取终端产品的研发、品牌和营销能力,达到对发包企业取而代之的目的。基于旗舰网络的战略是为了提升企业的制造能力、工艺水平、质量控制和检测能力,成为专业供应商,向旗舰企业提供低成本、高质量、富有弹性的制造服务和零部件。

　　(二)基于旗舰网络的创造性资产获取模式是一种价值链利基战略

　　从价值链的角度来看,基于旗舰网络的创造性资产获取模式是一种价值链利基战略(Value Chain Niches Strategy),企业将所有资源集聚在价值链的制造环节。中小企业不具有与大企业相抗衡的技术、资金、营销能力等创造性资产,无法从根本上改变其在产业中的位置,它们只能在大企业的夹缝中生存和发展。并不是所有企业都有能力进行前向整合,由于没有核心技术,要求每一个企业都能在研发上站在世界的前端是不现实的。成长为具有自有品牌的国际领先企业毕竟是少数,也是一个困难的、长期的过程,不顾企业自身实际盲目称大的做法,不利于我国企业长远发展。实际上,中小企业采取与跨国公司的哑铃型战略互补的橄榄型战略,通过参与到跨国公司主导的全球价值链中,也是一种积极的获取创造性资产的方式。

　　中小企业实施这种战略有以下几种好处:第一,可以避免资源劣势。由于受到有限资源的制约,大多数中小企业不可能在研发上投入大量的资金。第二,可以避免新产品商业化失败导致企业破产的危险。第三,可以避免与跨国公司在终端市场上的激烈竞争。第四,可以将竞争对手的生产能力组合到自己的规模经济里面,通过有效的组合产生更多更好的效益。第五,可以避免供求双方的利益冲突,增加旗舰企业的信任和知识支持程度。实际上,这些中小企业在获取工艺制造方面的创造性资产需要依赖与旗舰企业之间的紧密合作,这种供求双方之间的信任关系很难建立,如果跨国公司感觉到供应商有向前整合的威胁,它们就会在创造性资产转移方面小心谨慎,甚至更换新的合作伙伴。

许多台湾企业在发展过程中采取了这一战略,特别是在半导体产业。例如,台积电在芯片领域的发展就是落后地区企业通过采取专业加工战略取得成功的典型。台积电模式成功的关键在于:从成立之初它就定位于专业的集成电路制造服务公司,对于制造创新不遗余力地投入。它拥有最大的产能、最多的制造技术专利、最高的产出良率(yield rate)、最先进的制造设备,以及领先的制造技术能力。台积电在全球芯片代工市场拥有六成以上的占有率,利润则高达五成以上。

(三)旗舰网络与创造性资产转移机制

旗舰网络对企业的技术和管理创新能力的影响是通过溢出效应间接产生的(Ernst & Kim,2001)。参与旗舰网络对中国企业的技术和管理的促进作用主要表现在两个方面:一是示范与模仿效应。通过网络合作,跨国公司会向中国企业展示更多的新技术、先进的管理技能及其赢利能力,当地企业可以更直接地学习、模仿和采用这些技术和管理,逐步积累国际化经验,储备全球经营的国际化人才,熟悉海外市场的客户需求、文化和贸易规则,提升企业的国际竞争力。二是上下游关联效应。跨国公司为了保证其产品的质量和竞争能力,会主动给当地企业一定的技术支持。这种由于产业关联而产生的技术转移可以使合作企业获得宝贵的技术能力。

从知识扩散媒介和中小企业在知识转移与扩散中的态度这两个维度,可以将旗舰网络中创造性资产在产业上下游之间的转移与扩散途径分为以下四种类型(如图2—6):

旗舰企业的态度

<table>
<tr><td rowspan="2" style="writing-mode: vertical-rl">市场</td><td>内部市场
直接投资、专利或技术转让、技术许可、技术咨询等形式</td><td>外部市场
购买先进机械设备、网络外部技术引进、购买先进的系统软件</td></tr>
<tr><td>互动创造
跨职能团队、共同研发小组、临时项目小组等</td><td>培养指导
参观学习、派驻业务代表和技术专家、人员培训等形式</td></tr>
</table>

市场　知识扩散媒介　非市场

主动　　　　　　被动

图 2—6　旗舰网络中知识转移的途径

　　内部市场。显性知识主要是通过这种机制实现转移与扩散的。旗舰企业为了使非核心企业提供的产品或服务满足自身生产的需要，主动地通过直接投资、专利或技术转让协议、技术咨询等有偿的方式，为非核心企业提供生产所需的知识和技术。

　　外部市场。旗舰企业在网络中居于主导地位，并不断对网络成员进行优化重组，淘汰知识拥有量、知识吸收和创造能力与旗舰企业的需求不相协调的企业。这种机制会促使网络成员企业购买更加先进的设备、引进先进技术来提高生产力和技术水平，并不断跟踪、吸收和利用网络外部的新知识。

　　互动创造。旗舰企业与非核心企业为了建立战略合作伙伴关系，就必须加强相互间的合作，寻求相互间更大的同一性和协调性，因此它们通过建立跨职能团队、共同研发小组、临时项目小组和基于国际互联网的以核心企业为中心的知识交流平台等形式，主动进行知识和技术的交流沟通与相互学习,共同进行技术创新和知识创造,以提高网络的整体竞争优势。隐性知识可以通过这种机制在网络中进行扩散,同时,这种机制也有利于新知识和新技术的创造。

培养指导。非核心企业为了不断增强自己在供应链中的地位,保持与核心企业的协调性与互补性,除了要具备与核心企业在合作业务上必需的知识和技术外,还要在经营理念、战略目标、组织文化等方面与旗舰企业保持一致。非核心企业可以通过组织员工定期到核心企业进行参观和人员流动(如派驻业务代表、技术专家)等形式,学习旗舰企业的经验和新知识。①

三、基于海外技术监听的创造性资产获取模式

越来越多的潜在的相关知识呈现出"地理分散,空间集中" (Geographic Dispersion,Spatial Concentration)的趋势,即技术和知识的跨国流动呈现快速增长和全球分布的趋势,但主要集中在少数几个知识集中的创新产业集群之中(Ernst & Kim,2001)。为了应对现代科技发展的挑战,企业开始突破组织的边界向外界寻求技术创新能力,建立全球研发网络成为企业获取创造性资产的有效战略手段。

与跨国公司相比,中国企业技术水平落后,海外研发活动仍然处于技术扫描阶段,在国外设立小型的 R&D 中心属于技术寻求型,主要目的是为了接近并获取来自于知识密集区的独一无二的知识和资源,收集国外科技信息和市场信息,以供国内母公司使

---

① 刘南、李玉民:《供应链中知识转移与扩散机制研究》,《技术经济与管理研究》2003 年第 6 期。

用。另外,由于中国企业缺乏资金和人才,在国外建立大型的研发中心存在诸多困难,甚至是不可行的,获取外部创造性资产的一个重要途径就是在知识发源地建立技术监听站,这是一种既可获取外部暗默性知识又可以减少巨额投资的方法。

(一)技术监听站的定义与作用

Berislav Gaso 和 Michael Neugarten 将技术监听站(Technology Listening Post,TLP)定义为企业知识开发系统中担负着获取外部知识的战略使命的外围机构。TLP 通常设立在国外知识创新集群所在地,监听站机构相当于企业的眼睛和耳朵,能有效地吸收和管理来自全球的知识流,为企业提供最新的行业技术发展的信息。

虽然我国一些企业在海外设立了研发中心或研究所,但大多数企业的海外研发活动仍然以技术扫描和获取创造性资产为主要目标,具有明显的技术监听的作用。应该看到,除了正式的 R&D 中心和雇用当地优秀的科学工作者外,任何形式的生产单元和销售机构都是潜在的 TLP,或至少具有 TLP 的功能。例如,海尔在全球建立了 10 个信息中心、6 个联合开发研究所和 6 个设计中心,这些中心很好地发挥了技术监听的作用。除此之外,海尔在全球建立的 45 个制造单位、13 个工厂、3 万个经销网点以及在多个国家聘请的法律顾问,这些构成了海尔的全球信息网,使海尔能及时获得国际最新的科技、市场信息,充分了解当地的设计趋势和法律动态。

创造性资产具有当地化的特征,企业在创新集群内设立分支机构非常必要。波特(Porter,2001)在研究中发现,技术监听站作为一种知识获取的方式在创新性产业集群中成为一种普遍现象,许多公司都在技术创新集群内建立了 TLP。波特认为,在创新集群内通常包括上下游产业的公司、互补产品的生产商、专业化基础结构的供应者和提供培训、教育、信息、研究、技术支持的其他机构,甚至还包括商会和涵盖集群成员的其他集体组织,这些地方知识密集,知识的溢出效应非常明显,TLP很容易利用东道国的科技人才和研究环境,从集群内获得知识、市场和管理方面的最新信息,并传回母国。正因如此,许多中国企业积极开展以技术获取为目的的对外直接投资,在美国和欧洲等技术密集地区(包括少数发展中国家,如印度)设立了技术监听中心,跟踪和获取东道国及竞争对手的知识,最大化利用发达国家技术集聚地的外溢效应。

（二）TLP分类与创造性资产获取

依据技术监听站所处理的知识或技术的类型和技术监听站的合作形式(被动还是主动),可以将TLP分成四种不同的组织形式(如图2—7):趋势跟踪(Trend Scout),技术前哨(Technology Outpost),信息经纪人(Information Broker)和合作配套。

	被动跟踪	积极获取
技术	技术前哨	合作配套
趋势/知识	趋势跟踪	信息经纪人

图2—7　四种类型的技术监听站

被动的合作是指获得技术环境变迁的知识和信息。这种扫描和监听主要通过阅读每日的报纸、期刊,参加会议、交易会、研讨会或通过与朋友、供应商、顾客和竞争者对话来进行。上述方式只是在企业"注意"到某些知识发展趋势后,被动地将外部知识和信息吸收到企业内部。积极合作是指通过市场交换信息或者通过与相关企业及代表机构建立合作关系的方式杠杆获取外部知识,这些合作关系包括与竞争对手的联合、供应商/顾客关系、大学研发机构协作、共同开发、合资企业和联盟,这种合作具有互动性高、相互学习程度高的特点。

　　每一种类型的技术监听站都有自己的使命和知识获取机制,需要具备不同的能力,表2—1对四种类型的技术监听站进行了简单的比较。趋势跟踪关注的焦点问题包括由社会发展引起的技术发展大趋势、新的应用领域和巨大的潜在市场等。这类技术监听机构通常位于创新集群、领先市场和潮流中心,主要通过参加会议和各种媒体来获得知识信息,资源分配和管理协调通常由母国公司来决定,当地化程度较低。技术前哨以专业化的技术知识为关注焦点,其区位分布受到研发机构的研发水平以及创新集群内大学、高科技公司集中程度的影响。技术前哨的当地化程度较高,通常会雇用当地员工或竞争对手的员工,但是母国公司仍然控制和协调资源的配置。信息经纪人则主要通过市场交换的方式获得创造性资产,从竞争对手的同一个供应商处购买设备或服务。合作配套型技术监听站相当于公司的外交机构,其主要功能是建立合约或合作,杠杆获取外部创造性资产。合作配套的当地化程度高,独立性强,而且在当地具有巨大的关系网络。

表 2—1　四种类型监听中心的比较

类别	趋势跟踪	技术前哨	信息经纪人	合作配套
使命	从知识密集地区、领先使用群收集转移发展趋势和隐性知识并传回国内	从技术创新中心收集尖端技术信息传回国内的 R&D 中心	作为中介组织,通过基于市场的信息交换杠杆获取外部知识	通过与特定的企业建立合作关系来杠杆获取已经存在的技术

续表

类别	趋势跟踪	技术前哨	信息经纪人	合作配套
优点	在目标地建立代表机构成本低;对当地市场和趋势高度敏感	高层管理者许诺;适应当地市场;开发利用当地资源	更加有效的双向交流和选择,不仅可以收集外部信息,还可向外传递关于企业所需知识的信息	接近新的和互补的知识;分担风险和成本;可以实现突破性创新的根本变革
缺点	非此处发明综合征,母国R&D中心不愿意接受来自外部的新观点	来自母国研发中心的指导可能压抑当地创新的积极性和柔性;非此处发明综合征	知识产权保护程度弱,用于交换的知识必须很好地界定和保护;非此处发明综合征	对合作开发的知识资产没有完全的控制权和所有权;外部化导致知识流失;非此处发明综合征

(三)建立高效的海外技术监听中心

1. 选择合适的监听中心类型

每一种类型的技术监听站都有自己的使命和知识获取机制,所要求的企业吸收能力也有所不同。因此企业在设立海外监听中心时,必须从企业想获取的目标资产的特征和企业自身的创造性资产基础两方面考虑,选择最适合的技术监听中心。隐性知识的获取更多地依赖有关人员的接触、人际沟通和指导性实践,企业可以在不同的知识集群设立不同的监听中心,获得不同的知识。如果企业海外发展经验少,吸收能力较弱,企业只能选择技术前哨和趋势跟踪的方法。如果企业的目标创造性资产暗默程度高,在市场上难以获得,则可以采取合作配套的方式获得。

2. 选择最佳的监听中心领导

海外监听中心与当地供应商、客户、研发机构等业务伙伴关系发展得越密切,则越有可能通过吸收来获得业务伙伴的创造性资产。中心初期的领导应该选择当地知名的科学家或管理人员,这样他可以很好地完成使命,在新建成的监听中心与当地科学机构之间建立良好的关系。一般来说,这个最佳的领导者应该具备四个条件:其一,他或她应该是受到尊重的科学家、工程师或者熟练的管理人员;其二,他或她能够使新的监听中心融入到公司已有的研发系统中;其三,他或她对技术趋势有着较强的综合理解能力;其四,他或她了解当地的科研机构,能够吸引有潜力的年轻科技人才,能够与当地企业、大学或科研机构建立良好的合作。

　　3. 监听中心员工当地化策略

　　为了达到学习的目的,海外技术监听中心一般通过雇用当地员工和与当地创新主体合作的方式进入到当地的知识网络中,从而有效地学习并利用地区性和国别性专有知识为企业的创新活动服务。海外技术监听中心应积极推动外派员工与当地员工的互动与交流。不同知识背景的员工间的互动以及对异国知识的敏感,在客观上会增强监听中心的知识吸收能力。而且,这种异质性的知识结构与文化背景的互动及融合被证明是企业知识创新的一个重要源泉。因此,企业应努力促成海外监听中心的角色转化,使它由总公司战略的被动执行者转变为积极参与者,由总公司知识与技术的转移者转变为知识与能力的主动贡献者和全球学习的重要承担者。华为近年来加速推进"本地化"战略,海外研究所除了中国技术人员外,还吸纳了大量当地技术人才。在华为海外最大的研究所——印度研究所,80%以上的员工都是印度人。印度人擅长软件开发和项目管理,而中国员工则擅长系统设计和体系结构,华为的许多项目,都是由中方和印度软件开发人员共同承担的。

4. 技术监听中心的动态管理

在不同的发展阶段,同一监听中心会有不同的功能,早期阶段通常是担当趋势跟踪的角色,随着企业知识水平的提高和监听中心在当地关系网络的建立,会逐步向技术前哨、合作配套过渡,变为承担多种功能的监听中心,因此要根据发展阶段的特点对监听中心实行动态管理。例如,华为硅谷研究所最初是作为华为技术交流的前哨,更多地担当合作交流的角色。由于身处全球创新的发源地,华为硅谷研究所逐渐学会了利用收购方式扩充自己的技术实力,通过收购 OptiMight,Cognigine 等美国小型技术企业,逐步发展成为合作配套型监听中心。

5. 建立知识共享的文化基础

监听中心能够向母国转移什么样的知识不仅取决于监听中心的类型,还取决于母公司内部接纳外部信息和知识共享的文化环境。由于跨国公司将技术活动扩大到全球范围,监听中心员工来自不同的国家,这会使组织内部有效地利用和传递信息与知识变得更为困难,结果,许多监听中心都存在"非此处发明综合征",排斥或不重视外部信息和知识。要解决创造性资产获取过程中的"非此处发明综合征",企业必须高度关注创新流程中的有效沟通问题,建立促进知识共享的文化。母国的科技人员应该清楚支持和听取监听中心的建议的重要性,能够向监听中心公开和共享知识,相互理解;在跨国创新的过程中,企业应实施监听中心与母国的工作轮换计划,增进相互理解;促进海外研发分支机构的经理和研发人员的经常性联系;促进海外研发分支机构的经理及管理人员经常性地和母公司研发总部交流和沟通;在海外研发分支机构经常性地召开正式和非正式的研讨会;组织国际性研发团队,鼓励不同国家的研究人员之间建立个人联系和相互影响。

6. 全球合作研发

随着国外技术监听中心的增加，企业的管理层面临着如何协调技术监听网络的问题。海外监听中心作为全球学习战略协同与整合的节点，创造性地吸收和利用当地知识，不仅成为提高本土化能力的重要方面，也成为全球学习的重要部分。在华为技术公司的研发过程中，全球合作研发，高效运用全球资源是其研发战略的主要特点。例如，CDMA、WCDMA 项目基本上是通过全球开发来进行的。华为瑞典研究所负责无线技术，俄罗斯研究所负责射频技术，美国研究所负责 CDMA 技术，印度研究所负责 CMM5 级和软件开发技术，这些研究所与国内的上海、西安、杭州、深圳、成都等研究机构进行全球同步开发，协同作战。在 NGN（下一代网络）技术的开发上，华为也是采用国际化合作开发策略。美国达拉斯研究所主要负责国际对外合作、跟踪最新技术动态以及 NGN 总体系统分析设计；印度研究所主要进行产品模型设计和 NGN 核心技术交换协议及软件开发；深圳总部和北京研究所则针对运营商网络特点进行客户化设计，将 NGN 解决方案产品化。

四、基于海外并购的创造性资产获取模式

创造性资产获取型海外并购是通过一定的渠道和支付手段，将海外另一公司的整个资产或足以行使经营控制权的股份购买下来，从而获取创造性资产的行为。对于许多希望进入世界级跨国公司的中国企业而言，仅定位于贸易替代型或资源寻求型的跨国经营是远远不够的，在企业具备一定实力以后，需要采取较大规模的创造性资产寻求型海外并购行动，才能使中国企业的国际竞争力在不太长的时间内得到较大幅度的提升。

（一）我国企业创造性资产寻求型海外并购的兴起

20 世纪 80 年代以来，以获取目标企业的知识和技术的跨国并购在跨国公司的国际扩张中已变得非常普遍。中国企业由于跨国经营的时间较短，实力较弱，跨国并购活动一直未能大规模地展开。但是，进入 21 世纪后，随着中国企业走出去步伐的不断加快和对获取知识和技术的高度关注，越来越多的中国企业开始通过海外并购的方式来获得创造性资产。表 2—2 是近几年发生的我国企业以获取创造性资产为目的的海外并购案例。

表 2—2　近几年中国企业创造性资产获取型海外并购

时间	国内企业	被收购企业或业务	获得的创造性资产
2001 年 9 月	华立集团	飞利浦在温哥华和达拉斯的 CDMA 手机参考设计业务	手机参考设计所涉及的知识产权
2002 年 9 月	上海电气	日本秋山公司	"双面胶印"的核心技术，技术提高了 15—20 年
2002 年	中国网通	美国亚洲环球电讯公司	取得对亚洲环球电讯的绝对控股权
2002 年 9 月	TCL	德国施耐德	生产设备、研发力量、销售渠道、存货及多个品牌，建立其欧洲生产基地
2003 年 1 月	京东方	韩国现代 TFT-LCD 业务	TFT-LCD 核心技术，取得了直接进入国内显示器高端领域和全球市场的通道。
2003 年	TCL	与法国汤姆逊合并成立新公司 TTE，TCL 以 67% 比例绝对控股	销售渠道、研发中心、规模经济
2003 年	万向集团	美国洛克福特公司 33.5% 的股权	使洛克福特的技术能力与万向的产能相结合

续表

时间	国内企业	被收购企业或业务	获得的创造性资产
2003 年中期	华为	美国 Cognigine	加强了华为在交换机和路由器核心处理器方面的能力
2003 年 10 月	上海电气	德国沃伦贝格公司 53.6% 的股份	完全掌握沃伦贝格研发大规格数控机床方面的核心技术
2004 年 4 月	TCL	收购阿尔卡特手机部门，TCL 在新公司中占 55% 的股份	十年内免费使用 Alcatel 品牌，并得到 2G、2.5G 手机的核心技术
2004 年 10 月	上工集团	FAG 所持有的德国 DA 公司 94.98% 的股权	利用 DA 技术建设电脑特种工业缝纫机项目
2004 年 10 月	上汽集团	韩国双龙汽车 48.9% 的股份	可以迅速提升上汽的技术能力，加快实现自主品牌汽车生产的步伐
2004 年 11 月	沈阳机床	全资并购德国机床百年企业希斯公司	希斯公司将作为高端产品研发基地，国际营销服务基地，专业人才培训基地
2004 年 11 月	盛大	韩国网络游戏公司 Actozsoft 29% 的股份	从被动的代理关系到非常有价值的联盟关系，有利于打造、控制完整的产业链
2004 年 12 月	上海电气	日本池贝机械制造株式会社 65% 的股份	数控机床设计开发技术及制造技术
2004 年 12 月	联想	以总价 12.5 亿美元收购 IBM 全球 PC 业务	Think Pad 品牌使用权，全球研发和销售网络

（二）创造性资产获取型跨国并购的动因

大部分中国企业最初通过技术许可或模仿学习的方式生产成熟的产品,主要占领低端市场。这些产品中的技术通常与最先进的技术有好几代的差距。这种进入战略是中国企业充分利用自己的成本优势杠杆获取国际产业调整中的机会,然后通过大规模制造和研发投入,逐渐掌握产品的设计和工艺技术,缩小与领先企业的差距。然而,随着中国企业的成长,以及与跨国公司差距的缩小,开始与跨国公司展开了正面的竞争。在与跨国公司竞争的过程中,中国企业虽然在成本、设计和渠道网络等方面具有一定优势,但在核心技术上则处于绝对的劣势。如果不能迅速掌握核心技术,中国企业将很难对抗跨国公司的反击。例如,在手机行业,凭借营销渠道优势和符合中国人审美观念的外形设计,国产手机曾大获成功,打下了国内市场的半壁江山。然而好景不长,国际厂商迅速在设计风格上进行调整,并利用技术优势重新夺取了市场领导权,使国产手机陷入集体低迷状态。TCL 收购阿尔卡特手机业务和华立收购飞利浦 CDMA 业务即是为了获得核心技术。海外并购虽然代价相对昂贵,但它是一种更为直接、更为快速的核心技术获取方式。

并购海外企业可以获得这些企业在国际市场的渠道网络和品牌知名度。中国企业在国内市场建立了自己的品牌,但在拓展国际市场时却遇到了困难,许多企业面临着品牌重新定位的难题。要改变中国企业低端产品的形象,建立国际品牌,是一个困难和长期的过程。同时,建立国际市场的渠道网络对于企业成功地开展跨国经营也极为重要。以往,中国企业通常采取寻找大的代理商的方式来解决海外渠道问题。而北美经销商 APEX 对长虹欠下的巨额应收款,却体现了这样过度依赖少数渠道商,对中国企业跨国经营造成的巨大风险。海尔为避免受制于人,一直尝试在海外设厂并自建网络,并为此付出了高昂的成本。收购外国企业可以借用这些企业的渠道网络和品牌知名度,顺利进入国际市场。例如,TCL 集团以绝对控股的方式收购法国汤姆逊公司的彩电业务,使TCL 可以借助汤姆逊全球销售网络和旗下的品牌成功进军欧美市场。

创造性资产获取型并购为中国企业提高组织管理能力创造了更为便利的条件。第一,并购要求中国企业建立适应跨国经营的组织体系,这有利于中国企业建立跨国学习机制,通过干中学来提高国际资源整合能力。第二,海外并购将会促进中国企业吸收更多的国际化管理人才,建立一种更加开放的企业文化,这将有利于提高企业的创新能力。第三,创造性资产寻求型并购可以使中国企业更早地感受到组织变革的压力,并不断以新的组织方式和管理创新来适应这种变化,这将有利于提高企业对市场的反应能力。例如,TCL 通过并购施耐德进入欧盟这个成熟市场,真正地与国际大企业直接竞争,有助于 TCL 提升国际竞争力。收购施耐德还促进了 TCL 国际管理能力的提高,TCL 在德国雇了 120 多名员工,许多当地管理人员融入 TCL 团队,给 TCL 带来了先进的管理理念。

(三)为什么是并购而不是合资

当公司选择用并购(M&A)的方式进入时,创造性资产寻求的动机就十分明显(邓宁,1998)。著名的咨询公司罗兰·贝格公司2004 年针对国际化战略调查了 50 家中国领先企业。从调查结果来看,虽然 48%的中国领先企业进行海外经营时主要采取新建的进入方式,但是兼并收购方式却是一些渴望获得国外的创造性资产的高科技企业的首选。表 2—3 是我国企业在美国进行直接投资时选择的进入方式。

表2—3　中国企业进入美国市场的方式

进 入 方 式	项 目 数	百分比(%)
Joint venture	9	18.0
M & A	18	36.0
New plant	3	6.0
Equity increase	2	4.0
Plant expansion	0	0
Other FDI	18	36
Total	50	100.0

数据来源:U.S. Department of Commerce,2004。

中国企业创造性资产寻求型对外投资通常会选择 M&A 的方式,而不是合资公司的方式,主要有以下三个方面的原因:

第一,创造性资产通常属于公司所有,是一种内部化的优势,并购可以通过取得国外企业的控制权,降低获取创造性资产的壁垒。在合资公司中,跨国公司为了保持其技术领先的优势,通常会对高新技术的扩散和溢出进行严格的控制,中国企业往往只能得到一些成熟的技术。要想获得对方企业的创造性资产,M&A 是一种比较可行的方式。如果公司仅仅只想利用当地的区位优势,合资可能是比较理想的方式,因为收购一家公司的成本毕竟很高(邓宁,1998)。

第二,缺乏自主经营与主动创新的愿望,可能是合资企业在技术能力发展上所受到的最大制约。跨国公司普遍对于提升合资企业吸收能力的积极性不高,也不会鼓励合资伙伴进行自主的技术创新。一项针对韩国汽车产业所做的调查发现(Kim,1997),合资企业由于比较容易取得对方提供的技术知识,因此,企业的吸收能力相对于需要独力取得与发展技术的独资企业落后许多。

第三,M&A 具有速度优势,可以迅速获取创造性资产,迅速提升技术能力,迅速进入新市场。例如,韩国在 TFT-LCD 领域原本领先中国 7—8 年,而京东方通过收购韩国现代显示技术株式会社(HYDIS)的 TFT-LCD 业务,完整地获得了 TFT-LCD 的相关核心技术,从而使得中国在光电技术领域跨越了 5—6 年。

(四)中国企业创造性资产并购的区位选择

越来越多的文献认为许多流入欧美等发达国家的 FDI 的动因是为了获取战略性资产。邓宁(1996)通过对世界 500 强企业中的 144 家企业调查发现:发展中国家在提供自然资源和廉价劳动力方面具有比较优势,而战略性资产大多数分布在发达国家,如德国和日本在提供电子技术方面具有优势,而美国在管理方面更具有优势。因此,邓宁认为创造资产资产寻求型 FDI 通常只发生在发达国家企业之间。Shige Makino,Chung-Ming Lau,Phy-Song Yeh(2002)的研究表明,不同投资动机与区位选择有着密切的关系,发展中国家的公司(汽车和消费电子等行业的公司)可以通过在发达国家进行创造性资产寻求型的 FDI 来增加它们的基础性资产。仔细研究近几年中国企业创造性资产获取型并购案例,中国企业海外并购的动机和目标主要是获取技术、品牌、国际渠道和规模,这些并购动机和目标决定了并购的区位选择。可以发现,中国企业倾向于在拉美等资源丰富的发展中国家投资以获得矿产、石油等自然资源,其他技术密集型企业则倾向在美国、欧洲、日本、韩国和加拿大等主要发达国家和地区进行并购来获取创造性资产。

(五)中国企业创造性资产并购的对象选择

中国企业以获取创造性资产为目的的海外并购在对象选择上

应注意以下三个方面：

第一，选择收购那些陷入经营或财务困境但技术力量雄厚的企业。有些海外企业由于不能适应环境变化或战略失误，导致经营困难或陷入财务危机。这些企业拥有较好的技术能力，有较好的品牌和系统的销售渠道。中国企业通过并购此类企业可以迅速地获取技术资源并进入当地市场。

近几年，韩国一批 IT 企业在发展中遭受挫折，面临破产倒闭的危机，这无疑给中国企业提供了一个很好的机会。其中比较典型的案例有京东方收购韩国现代 T F T-LCD 业务。2003 年，当时全球芯片市场萎缩，现代集团陷入巨大债务危机之中，HYDIS 的 T F T-LCD 成为现代集团的鸡肋。京东方仅出资 1.9 亿美元就完成了收购，剩余的部分通过向韩国银行贷款的方式，以 HYDIS 提供的卖方信贷解决。前一段时间，韩国手机服务供应商 Sewon 电信及其子公司 Maxon 电信、液晶显示器和有机发光二极管（OLED）供应商 Orion 电子及其子公司 Orion PDP（主要生产等离子显示器面板）等一批韩国企业陷入经营困境，濒临破产。由于这些公司都拥有自己的核心技术，因此，引来了多家中国企业的出价收购。韩国产业界对中国企业的收购现象十分警惕，他们认为中国企业已经找到了在技术上迅速赶超韩国竞争对手的最佳途径，也就是收购亏损的韩国高科技企业，这很可能会使韩国的核心技术流向中国。

第二，选择并购发达国家的小型科技企业。这种并购曾经是韩、日等国企业最主要的技术来源之一。自 20 世纪后期开始，为了迅速缩小与世界技术水平的差距，在政府鼓励下，韩日等国的企业纷纷到美国收购小型高科技公司。这些公司的最大特点是具有强烈的创新性和良好的成长势头。有些硅谷的小公司花了几亿美元开发新技术,但由于资金短缺无法实现后期的应用性生产和市场销售,这种情况就很适合去并购,既节约成本又节约时间。思科公司之所以能够快速成长,与它的收购战略密切相关,其发展战略就是并购一些新兴的小型 IT 企业,这些企业往往有极具创意的技术和产品以及顶级的技术开发人员。我国的华为等公司已经在尝试这种方式。2002 年年初,华为完成了对光通信厂商 OptiMight 的收购,大大加强了自己在光传输方面的技术实力;2003 年中期对网络处理器厂商 Cognigine 的收购则大大加强了华为在交换机和路由器核心处理器方面的能力。

第三,借跨国公司业务调整之机进行部分业务的收购。为了适应全球竞争的新环境,跨国公司正在不断地对其业务进行重组,剥离一些已经丧失竞争优势的与制造密切相关的业务和非核心业务。中国企业可以利用跨国公司产业调整的机会,并购相关的业务部门。此种类型的并购适合于具有一定竞争优势的中国企业。一方面,此时价格比较合理;另一方面,由于行业高度相关,便于收购后的整合,容易产生协同效应。上工集团收购德国 DA 公司、TCL 收购汤姆逊、联想收购 IBM 的 PC 部门都属于这种情况。

五、基于学习联盟的创造性资产获取模式

中国企业与跨国公司之间是竞争与合作并存的关系,为了获取创造性资产,许多中国企业与跨国公司建立了长期的战略性技术伙伴关系,如海尔与三洋、TCL 与飞利浦建立的战略联盟,康佳与朗讯合作开发手机技术等。通过合作,跨国公司与中国企业实现了资源共享和优势互补,有助于中国企业加入跨国公司全球研发体系,获得创造性资产。我们将这种战略称之为基于学习联盟的创造性资产获取模式。

（一）学习联盟的定义

按照联盟的目的来划分,企业之间的联盟可以分为产品联盟和知识联盟。产品联盟是以共享资源和市场、降低成本、减少风险、监视竞争者动向为目标。知识联盟是指企业以追求可持续的竞争优势为目的,为获取和创造新知识(尤其是与企业核心能力有关的隐性知识)而结成的联盟。这种划分只具有相对的意义,实际中,许多联盟都介于两者之间,产品联盟中也存在知识的流动,知识联盟也同样有助于降低成本和风险。但是,需要注意的是,知识联盟中的参与方往往不在于获得短期的利益,而是强调通过合作不断整合和创造新的知识。无论何种联盟,某种程度的创造性资产转移都会发生。

由于缺乏创造性资产,中国企业在战略联盟中的首要任务就是学习。在同一个联盟中,对发达国家企业而言可能是产品联盟,而对中国企业而言则是知识联盟。我们将这种以创造性资产转移和创造新知识为首要目标的联盟称为学习联盟。对于正在步入国际化的中国企业而言,合作更着眼于长远的技术创新和市场开发。

（二）学习联盟在创造性资产获取方面的优势

1. 扩展和改善企业的能力基础

学习联盟强调的是知识、能力等无形要素的合作,其目的在于拓展组织的能力基础,从战略上创建新的核心能力。学习联盟中具有互补知识能力的合作伙伴间的相互学习,有助于企业获得联盟伙伴的专门知识、技巧和独特的能力。将自身能力与其他组织创造的暗默性知识整合在一起,可以帮助一个公司扩展和改善它的能力基础,从而重构自己的核心能力。当联盟伙伴致力于共同创造新的知识和能力时,双方的关键资源和能力都会得到加强,从而形成有利于双方的新的技能和能力。

2. 有利于获得隐性知识

学习联盟的必要性在于不完全流动、不可模仿和不可替代的创造性资产可以通过联盟而获得。真正能够产生竞争优势的创造性资产通常表现为技术、管理和组织等隐性知识，这些资产存在于企业内的个人专业技能或团队的特殊关系之中，也存在于特别的规范、态度、信息处理及决策程序中，企业的疆界对这类知识的移动有重大的约束作用。企业学习联盟强调通过结盟使企业边界模糊化，从而促进创造性资产的流动和创新。例如，商业声誉是不可交易的，但是在学习联盟中，通过推出联合品牌的形式，就可以实现商业声誉在联盟企业中的共享与转移。

3. 战略合作有利于优势互补共同面对竞争压力

企业的学习联盟主要集中在信息技术、生物技术、新材料技术、医药和特殊化学品等技术密集型行业。这些领域，市场前景广泛，竞争激烈，技术更新换代快，研究开发投资大，技术和市场的不确定程度高。企业之间建立学习联盟有利于集中资源，优势互补，共同面对竞争的压力。学习联盟可以促进联盟伙伴之间的紧密合作与交流，使相关人员融入到合作方的运作系统之中，从而有助于获取隐性知识并促进创造新的知识。

(三)中国企业建立学习联盟的方式

学习联盟是企业在资源缺乏和研发费用较高的情况下获取创造性资产的有效方法。资源基础论认为，拥有关键性资源是建立战略联盟的前提；另外，战略联盟的运行需要企业有着较好的组织技巧，在国际化管理方面有一定的经验，有较强的创新能力。这些正是发展中国家企业所缺乏的。因此，发展中国家企业往往无法加入到发达国家的战略性技术伙伴联盟中，即使加入，也仅仅处于从属地位。20 世纪 80 年代的战略性技术联盟大多数发生在发达国家企业之间，只有不到5%的联盟协议包括了发展中国家的企业，而这些企业又主要集中在东亚和东欧的一些国家和地区。

目前，大多数中国企业创造性资产基础薄弱，尤其是缺乏技术优势和跨国管理经验，似乎并不具备建立学习联盟的条件。但从实践来看，中国企业通常可以利用局部优势，比如渠道优势或制造能力优势作为与跨国公司成立学习联盟的条件。一般而言，中国企业可以通过以下三种方式来建立学习联盟：

1. 利用自己的局部优势与跨国公司联盟

利用局部优势与跨国公司建立联盟是目前最常见的一种方式。国外企业拥有先进的创造性资产，所以中国企业需要主动向这些先进企业学习。同时，中国企业拥有稀缺的渠道资源和制造优势，跨国公司开拓中国市场也离不开中国企业。2002年以来，一些大的跨国家电企业开始尝试与国内的一些大型家电企业建立战略联盟，跨国公司主要从中国企业获得稀缺的渠道资源、对市场的相对支配权和低成本优势，而国内企业则主要利用跨国公司的全球营销网络输出自己的产品或学习其先进技术。例如，海尔与三洋的"互换奶酪"，三洋获取海尔在中国市场的渠道优势，进入海尔的渠道，而海尔则获取海尔产品进入日本市场的通道，并提升了海尔的国际品牌形象。TCL和飞利浦又是一个例子，通过战略联盟，飞利浦获取了TCL在中国国内指定省份的渠道资源，TCL则提高了自己销售渠道的使用效率并与飞利浦建立了技术合作关系，一举两得。

技术和海外市场的合作需要放眼长远，渠道的共享则有可能引发一些现实的问题。不同企业不同品牌的产品在同一渠道销售，必然要面对谁主谁次的冲突。为了避免冲突，这种联盟通常不会在全部产品组合中展开。一个前提条件是，联盟企业在品牌、产品方面应具有差异化的目标市场，在资源上具有互补性。目前较为常见的方式：在高端领域，中国企业通常只做代理或进行 OEM 生产；在中低端领域，中国企业可以获得一部分技术，进行自有品牌营销，或推出联合品牌。如联想集团与 HDS 的合作联盟，在高端领域，联想成为 HDS 高端存储产品的代理；在中低端领域，双方则推出"联想 HDS"联合品牌，联想也由此成为 HDS 在中国唯一的联合品牌合作伙伴和全球战略合作伙伴之一。

2. 拥有先进技术的企业与跨国公司建立知识互补型学习联盟

知识互补型学习联盟既可以获得水平型多样化产品生产的技术能力，也可以获得垂直一体化生产活动的技术能力。与竞争对手建立互补型学习联盟也是控制技术发展方向，加强企业未来市场力量的一种方式。参与研究合作有助于中国企业获得互补性知识和技术，提高 R&D 效率，降低重复性 R&D 成本，缩短 R&D 周期。国内比较典型的互补型学习联盟是华为与跨国公司建立的技术联盟。

华为的迅速进步和成熟，赢得了高科技同行的尊重。华为技术公司在拥有自主核心技术的同时，积极开展与国内外公司、高校和科研机构的合作，建立长期、友好、开放双赢的合作关系，实现技术开发与合作的全球化。华为已与 TI、摩托罗拉、IBM、英特尔、Agere、ALTERA、SUN、微软、NEC 等世界一流企业合作建立联合实验室，广泛开展技术与市场方面的合作，共同为客户提供解决方案。在 3G 方面，华为的合作伙伴同样是业界领先的知名公司。2002 年 6 月，华为和 NEC、松下合资成立了宇梦公司，研发 3G 手机技术;2003 年 10 月,华为又和 NEC 在上海成立 3G 开放实验室,向业务供应商开放,培育 3G 价值链;华为还与爱立信和诺基亚分别达成了 3G 专利许可、交叉授权协议,从 2005 年 1 月起,这三家 3G 技术领先厂商率先在我国共同发起推广 3G 技术的活动。

3. 国内企业结成联盟与跨国公司竞争

学习联盟可以集合小型竞争者,使它们能更有效地对付全球"共同的敌人",而不是相互竞争。弱势企业间的联盟可以获得以下几种利益:

第一,克服资源劣势。为了未来战略的需要,两个企业都必须增加与某一能力相联系的创造性资产,虽然两个企业都有这些资产,但是如果仅靠自己的力量还不足以形成竞争优势,因此,通过达成战略合作,共同利用双方的资源和能力,可以达到形成竞争优势的临界量。例如,为了分担高昂的研发成本和有效利用各方的科技人员而结成的 R&D 联盟。

第二,摆脱大企业控制。国内企业结成联盟可以开发新技术,控制新的国际标准,从而摆脱受困于国际大企业以及技术联盟的标准、协议的被动局面。例如,VCD、DVD 种种国际标准无形中成为中国企业开拓国际市场的障碍。中国企业于 2003 年在这些方面展开反击,闪联、EVD、3G 技术联盟等国内企业之间建立的联盟纷纷出现。中国 3G 技术联盟中心的组建成功地将分散在各单位的局部技术优势整合成为我国移动通信产业的整体优势,大大加快了我国移动通信领域拥有自主知识产权的技术创新速度,成为支撑我国民族移动产业进行第三代移动通信系统技术创新的重要基地。TD-CDMA 方案,被认定为国际第三代移动通信无线电传输技术的三大主流标准之一,获得了与欧、美标准的并列地位。

第三,获得范围经济。联合体的成员可以将共同开发的基础技术应用于不同的产品市场。

第三节　五种创造性资产获取模式的比较

上一节所提到的五种创造性资产获取模式各有优缺点和不同的适用条件。表2—4对这些优缺点和适用条件进行了比较。相对来说,基于网络和OEM的模式起点要求较低,是我国许多企业实现快速进入跨国公司价值链、缩小与跨国公司差距的一种有效途径。对于一些已经具有较强的管理能力和技术优势的大企业而言,技术监听、学习联盟和并购是获取创造性资产的有效方式。这三种方式有助于企业实现自主创新,摆脱依赖跨国公司公司的被动局面,在国际市场建立竞争优势。海外监听中心要求创新主体有较好的研发力量,起点较高,适宜于获取技术型的创造性资产。战略联盟可以实现对隐含知识和技能的转移。并购是实现对管理能力、销售渠道、品牌、整体研发能力等目标资产的迅速获取的最好方法,具有迅速提高相应能力的优势,可以迅速进入新市场;但是并购对企业的要求较高,并购后的整合成本也很大,因此,这种方式通常适用于一些创造性资产基础较好,管理协调能力强的公司。五种创造性资产获取模式并不是相互排斥的,可以同时交叉或混合使用。不管企业采取何种模式,关键是要立足自身条件,善于利用国际市场的机会,以提高自主开发能力和形成自主知识产权为最终目标。

表2—4 创造性资产获取模式的比较

模 式	适用情况	优 点	缺 点
基于OEM的模式	具有较强的制造能力和产能,具备反向整合的实力	获得创造性资产,实现价值链升级,建立自有品牌	在终端市场上与跨国公司直接竞争,失败的风险较大
基于旗舰网络的模式	资源有限的中小企业,或者是致力于成为专业制造服务或零部件供应的企业	重点获得工艺流程技术和实现产品升级;避免新产品商业化失败导致企业破产的危险;避免与跨国公司在终端市场上的激烈竞争	通常只能获得成熟的、标准化的技术;不能在终端市场建立自有品牌
基于海外技术监听中心的模式	具有一定的技术先发优势,拥有高水平的科研人员和管理人员	自主开发,掌握最新的发展趋势,保护自己的专利技术和其他知识产权,有较强的自主技术积累	创造性资产的获取依靠自身能力和当地创新主体的合作;作为发展中国家的企业,如果一味坚持自主创新,可能会拉大与发达国家之间的差距
基于海外并购的模式	常见于较早进行国际化经营的创造性资产基础较好的大型企业,管理协调能力强	对当地企业有绝对的控制权,降低了创造性资产寻求壁垒;实现对目标技术的迅速获取,具有迅速提高相应技术能力的优势;获得品牌和销售渠道,迅速进入新市场;持久的协同效应	需要大量的资金,高回报伴随着高风险;并购文化整合难度大,被并购企业员工容易产生抵制情绪,管理成本增加
基于学习联盟的模式	双方资源和能力互补;在技术上具有一定实力;在新技术领域双方差距不大	更适合于获取隐含知识(如技术诀窍、技能和经验);培养组织学习能力;保持高度的战略灵活性	领先方一般不愿意与发展中国家企业合作;利益分配上存在着冲突

从资源论和知识能力理论的视角来分析,以下两个方面的因素对企业外部创造性资产的获取具有重要影响:

第一方面的因素是企业自身创造性资产的禀赋状况。企业自身创造性资产的禀赋状况决定了企业吸收学习能力的强弱。企业在实施创造性资产的外部获取战略时,需要内部创造性资产的支持,特别是资金、技术和管理能力的支持。如果一个企业内部创造性资产充足,企业就可以采取跨国并购、战略联盟和全球研发等比较高层次的创造性资产的获取模式;如果企业内部创造性资产缺乏,则适合采取 OEM 或旗舰网略模式。

第二方面的因素是创造性资产的复杂程度。不同类型的创造性资产其复杂程度具有显著的差异。从物质形态的生产设备到制造技术、产品设计,再到基础的 R&D,创造性资产的复杂程度越来越高,暗默性和不易模仿性越来越强,利用市场交易或 OEM 的方式会出现困难,因此,企业不得不采取并购、自主开发或技术联盟等方式来获取创造性资产。

我们可以根据创造性资产的复杂程度和企业的吸收能力将不同的创造性资产获取模式列入一个统一的选择矩阵,如图 2—8 所示。

从一体化的程度来看,一方面,企业可以通过完全整合的方式来寻求创造性资产。比如企业可以通过建立独资子公司、独立的 R&D 机构或 M&A 来获取创造性资产。这些方式的特点是可以完全控制子公司或合作伙伴,获取其部分或全部创造性资产。这些方式比较适合于获得复杂程度高、暗默程度高的创造性资产,但这种模式风险较大。另一方面,企业也可以通过非一体化或市场交易的方式来寻求创造性资产。比如技术购买或技术许可。如果通

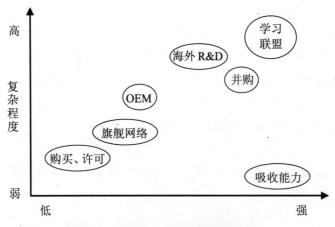

图 2—8 创造性资产获取模式选择矩阵

过技术交易来购买创造性资产,虽然能较好地控制风险,但是,由于创造性资产的特征,许多活动是难以通过市场交易实现的。因此,许多创造性资产获取模式往往会介于完全整合与市场交易这两个极端之间。

企业的发展和产业的演变是一个动态的过程,相应的模式选择也应随之变化。"适用的也就是最好的",或是一种,或是几种模式的交替运用可能是中国企业的现实选择。韩国企业的经验值得借鉴。韩国企业在不同的发展阶段,采用了不同的创造性资产获取方式。在发展初期,它们采取技术购买、许可或与科研机构衍生的公司合作等方式,获得一些标准化的技术,然后通过吸收—模仿—创新的过程,建立了初步的技术能力。随后,它们在硅谷等技术密集地区设立了技术前哨,通过监听技术变化,跟踪新知识获得了先进的半导体技术和计算机技术。随着企业创造性资产存量的增加,韩国企业开始大量投资建立国内和国外的 R&D 机构,其目的不仅仅是吸收、模仿和改进技术,更重要的是为了加强自己的创新能力。与此同时,许多企业与跨国公司建立了紧密的合作关系,如 IBM、HP、东芝等公司都在高新技术领域与韩国的企业建立了合资公司。通过建立联盟、引进工程技术人员、大规模的研发投入等一系列的措施,韩国企业在产业竞争中逐渐赶上或超过欧美等发达国家企业,跻身世界先进企业之列。

第三章 研发国际化与中国企业
创造性资产的获取

研究与开发(R&D)是跨国公司的核心职能之一,也是跨国公司全球竞争优势的主要来源。长期以来,跨国公司为了防止技术外溢,保持其在国际竞争中的优势地位,普遍将其 R&D 活动集中在母国。然而,自 20 世纪 80 年代中期以来,伴随着知识经济的发展和经济全球化的不断深化,跨国公司为了适应更为激烈的全球市场竞争,一改过去仅将 R&D 集中在母国或少数专业市场的做法,开始加大对外 R&D 的投资力度,在全球范围内组建自己的R&D 网络,出现了研发国际化的倾向。跨国公司研发国际化是指跨国公司将研发活动扩散到母国以外的其他地区,利用多个国家的科技资源,如资金、知识以及科技人才等,跨国界地开展研究与开发活动的行为。随着企业产品生命周期的缩短,跨国公司的全球竞争压力日益增大。能否最大限度地利用全球资源,在更短的时间内研发出更好的产品,已经成为跨国公司的核心优势之一。

第一节 研发国际化的相关理论

许多学者对跨国公司的产生和发展给予了理论解释。一种观点认为,企业国际化应具备基本的条件,即企业具有东道国同类企业所不具有的一种或几种垄断优势(包括技术优势、管理优势、资本优势和规模优势），并且只有当这些垄断优势可以抵御跨国经营过程中发生的风险，扫除可能碰到的阻力，并最终获得满意的利润时，才应该从事跨国经营（Hymer，1976；Christopher A. Barlett，Sumantra Ghosa，1990）。另一种观点是把企业国际化看做是一个企业在其母国进行的一种发明或创新的对外扩散的过程，这一理论把技术与产品结合起来，动态地描述产品国际化进程中的生命周期（Vernon，1966）。这些理论从不同的角度对跨国公司现象进行了研究与分析，而且有一个共同的特点，就是它们都把跨国公司与技术密切联系起来，认为跨国公司拥有技术优势是从事对外直接投资的前提条件。

在传统的跨国公司战略中，公司特有技术是创建一个跨国公司的关键，并且技术是从总部向各地分公司流动的（Buckley and Casson, 1976；Davidson, 1983；Hymer, 1976；Magee1977, 1981；Vernon,1966）。在这个观点指导下，跨国公司都是母公司拥有技术优势和专业技能（Buckley and Casson 1976；Dunning 1981；Teece,1983）。专利技术与公司独特的产品、服务和组织能力是企业在国外竞争成功的条件。当企业开始海外生产时，通常会选择内部化的方式，即在海外建立生产设施自行生产，而不是采用发放生产许可的方式，因为这样可以更有效地转移和保护专利技术。

跨国公司与技术创新是相互依赖的，一方面技术创新和技术垄断促进了企业经营的国际化和全球化；另一方面，跨国公司的全球化经营也促进了世界的科技进步和技术创新的国际化与全球化。而今，研发国际化战略已经发展成为跨国公司战略中一个十分重要的部分（Lawrenece and Rosenblatt,1990；Granstrand,Hakanson and Sjolander,1992）。在世界范围内认知和开发技术机遇已经成为跨国公司生存和成功经营的必要因素（Bartlett and

Ghoshal,1989）。许多学者针对跨国公司 R&D 全球化的现象,提出了一些新的理论解释,试图弥补原有的跨国公司理论的不足,其中比较有代表性的理论包括战略性 R&D 投资理论、需求—资源关系理论、HBE-HBA 理论、R&D 集中—分散理论和辅助资产理论。

1. 战略性 R&D 投资理论

战略性 R&D 投资理论实际上是战略性对外投资理论在跨国公司海外 R&D 投资方面的应用,是在海默—金德尔伯格的垄断优势论①和尼克博克的寡占反应论②的基础上发展起来的。该理论认为,在全球化时代,跨国公司对外投资已经不再局限于以获取当期利润最大化为目的,而更为关注建立企业长期的"战略优势"。跨国公司进行海外 R&D 投资不仅仅是为了获取即期最大的利润,而是从全球战略的角度,在充分考虑竞争对手的战略反应的情况下做出的战略性投资选择。

早在 1973 年,尼克博克在对美国 187 家大型跨国公司海外投资进行研究时,就发现大企业向海外直接投资呈现出"追随潮流"现象,具体表现是,一旦有一个企业向国外市场扩张,同行业的其他企业为了确保国内外的市场地位,也竞相向国外投资,并且市场集中程度越高的企业,追随潮流的现象就越明显。尼克博克称这种现象为"寡占反应"。此后,沃特森(Watson,1982)、凯夫斯(Caves,1982)、因卡内逊(Encarnation,1987)也发现了类似的现象。20 世纪 90 年代后,跨国公司的战略投资现象更加明显,这主要表现在两个方面:其一,发达国家之间相互竞争性投资(包括 R&D)

---

① Kindleberger,C. P.（ed.）,*The International Corporation*. Cambridge,Massachusetts：MIT Press,1970.

② Knickerbocker,F. T.,*Oligopolistic Reaction and the Multinational Enterprise*. Cambridge,Mass：Harvard University Press,1973.

投资愈演愈烈。据联合国统计,2000 年,世界三极(欧盟、美国和日本)之间的投资占全球国际资本流出的 82% 和流入的 71%。其中英国是世界上最大的资本来源国,美国则是世界上最大的资本收受国①。其二,世界大型跨国公司对新兴市场的争夺日益激烈。以中国市场为例,在我国加入 WTO 之后,西方大型跨国公司一改十余年的观望态度,开始大规模地布局中国。这些大公司之所以会同时行动,不仅仅是因为我国投资环境在这几年中有了大幅度的改善,更为重要的是为了在快速增长的中国市场取得先发优势(First Mover Advantage)。

　　战略性对外投资理论认为,传统理论无法解释"追随潮流"现象,但可以作为后续研究的出发点。按照国际生产折衷理论,跨国公司对外直接投资必须具有一些独特优势,以克服国际生产带来的额外经营成本。这些优势主要来源于企业所拥有的无形资产,尤其是专有技术、专利、市场技能和管理能力等。因此,跨国公司十分注重 R&D 的投资,注重建立技术优势。跨国公司的全球扩张会加剧市场的不完全化程度,导致寡头垄断的市场结构。在寡头垄断的市场状态下,战略性动机已经成为解释跨国公司对外投资的重要因素。

　　战略性投资理论可以用来解释跨国公司的 R&D 全球化现象。R&D 无疑是跨国公司最重要的战略性经营活动,是企业价值链中最重要的环节。跨国公司的国际竞争需要协调好两个方面的因素:一是跨国公司全球经营活动的内在整合态势(Configuration),即跨国公司将其 R&D 活动在不同的地区进行布局,以获得最佳整合优势;二是跨国公司与外部的协调态势(Coordination),即跨国

---

① UNCTAD,*World Investment Report* 2001. New York and Geneva,2001.

公司对外部环境的战略反应与经营活动的协调程度。R&D 全球化是上述两个变量共同作用的结果,通过 R&D 全球化,跨国公司大大加强了战略性优势,提升了国际竞争的地位①。

2. 需求—资源关系理论

需求—资源关系理论(简称 N-R 理论)是日本学者斋腾优在其 1989 年出版的《技术开发论——日本的技术开发与政策》一书中提出的②。斋腾优认为,企业进行技术开发时,首先有对某种技术的外部市场需求(N),然后企业根据外部需求利用自己拥有的资源(R)满足需求,进行技术创新活动。N 和 R 是企业进行技术创新必不可少的两个因素,企业的 R&D 活动实际上是这两个基本因素综合作用的结果。斋腾优认为,经济全球化的发展给企业的技术创新带来了很大的变化,跨国公司为了适应这些变化不得不改变原来将 R&D 活动集中在母国的做法,于是出现了 R&D 全球化的现象。

斋腾优认为,当前跨国公司进行技术创新面临的需求和资源环境发生了以下变化:

第一,从技术创新需求的角度来看,科学技术的进步使新技术、新产品的创新周期明显缩短,技术创新速度明显加快;另外,随着经济全球化的发展,企业国际化程度不断提高,所生产的产品不仅供应本国市场,而且更多地面向国际市场。由于不同国家对新产品的要求各不相同,跨国公司为了满足全球范围内的技术创新需求,就要充分利用外部 R&D 资源,开展国际化的 R&D 活动。

---

① 刘海云:《跨国公司经营优势变迁》,中国发展出版社 2001 年版。

② 斋腾优:《技术开发论——日本的技术开发与政策》,科学技术出版社 1996 年版。

第二,从 R&D 资源来看,跨国公司进行技术创新需要越来越多的资源,包括大量的 R&D 资金和技术人员。虽然跨国公司具有强大的资金实力,但无法招募到合适的 R&D 人才(特别是日本,本国科技人员存在极度短缺现象)。为了弥补 R&D 资源的不足,跨国公司开始实施 R&D 全球化战略,从全球范围内雇用科研人员,从事 R&D 活动。

第三,当代科学技术发展呈现出复合化的发展趋势。许多技术开发需要多学科的交叉渗透,而世界各国在技术发展方面存在较大的不平衡,有时为完成一个科研项目,需要多国科技人员发挥各自所长,联合进行攻关。另外,现代科学技术的研发风险越来越大,跨国公司也需要共同分担风险,全球范围内的 R&D 合作逐渐成为跨国公司 R&D 的新潮流。

第四,跨国公司 R&D 的技术条件和宏观政策发生了变化。首先,信息技术改变了传统的 R&D 方式,远程计算机控制与信息交流使国际 R&D 合作成为了可能。跨国公司可以将遍布全球的 R&D 机构组织在一起,组成精良的 R&D 团队,完成国际性的技术创新任务。其次,越来越多的国家开始关注外资对本国技术进步的贡献,纷纷采取措施鼓励跨国公司来本国设立 R&D 机构,以使本国企业从技术溢出中获益;同时,国际知识产权合作日趋完善,为跨国公司海外 R&D 活动提供了更好的保障,促进了跨国公司 R&D 全球化的发展。

综上所述,迅速发展的技术革命和日益多样化的创新需求对跨国公司的创新提出了更高的要求,科技创新活动的复杂性、综合性和风险性给跨国公司的 R&D 活动带来了更大的压力,跨国公司母国的资源供给出现了"瓶颈",这些因素的共同作用促使跨国公司的 R&D 活动逐步走向国际化。

3. HBE-HBA 理论

Kuemmerle(1997)①在邓宁(1992)、Wesson(1993)和其他学者研究的基础上,将跨国公司的海外直接 R&D 投资分为两类:以母国为基础的技术开发型(简称 HBE)和以母国为基础的技术增长型(简称 HBA)。HBE 型对外 R&D 投资是为了更好地利用跨国公司在母国创造的技术优势,因为技术创新具有初次投入大、边际使用成本小的特点,跨国公司在海外设立 R&D 机构可以利用母公司在技术创新方面的垄断优势,将母公司的现有技术知识在东道国进行本地化改造后,直接用于生产,开拓国际市场,创造更大的效益。HBA 型对外 R&D 投资则是为了从海外获取新的技术和知识,增强母公司的技术存量,从而提高跨国公司在全球的竞争力。根据 Kuemmerle 的理论,跨国公司在进行海外 R&D 投资决策时,HBE 型 R&D 投资主要关注:(1)在东道国进行生产的区位条件;(2)相关产品的配套能力;(3)工艺技术的区位适应度。相应地,HBA 型 R&D 投资更多地关注:(1)核心产品的创造能力;(2)核心产品的专业化支撑情况;(3)工艺的创新性。

4. R&D 集中—分散理论

许多学者从技术创新的区位要求出发研究跨国公司 R&D 全球化的动机,形成了一种 R&D 向心力—离心力分析框架。其中 Pearce(1989)②从 R&D 活动的规模、知识信息交流、协调成本等方面分析跨国公司海外 R&D 投资分散化动机。Cheng 和 Bolon (1993)也认为有多种动机促使跨国公司在 R&D 集中与分散之间

---

① Kuemmerle,W.,*Building Effective R&D Capabilities Abroad*. Havard Business Review,March-April,pp. 61-67,1997.

② Pearce,R. D.,*The Internationalization of Research and Development by Multinational Enterprise*. NY,St Martin's Press,1989.

进行选择。外部因素包括信息技术进步便利了跨国公司的国际协调和一体化,内部因素包括从国外获取新技术、支持海外生产等。

5. 辅助资产理论

Dalton 和 Serapio(1997)①将 Teece(1986)的辅助资产理论用于海外 R&D 投资的动机分析,认为一些跨国公司进行海外投资是为了保证公司内部关键性资产的安全。如:一些跨国公司在海外进行 R&D 是为了吸收当地基础性研究,充分利用国内基础性研究成果。另外有一些跨国公司在海外进行 R&D 是为了取得关键性的辅助技术。Dalton 和 Serapio 认为辅助资产对跨国公司海外生产和经营至关重要,跨国公司海外经营或者技术转移,常常需要根据当地情况进行适应性技术开发,部分产品要求重新设计或工艺改造,这就需要跨国公司在海外建立 R&D 机构以支持海外生产或经营。辅助资产理论还对一些跨国公司设立多个海外 R&D 机构并将之纳入全球 R&D 网络的现象进行了说明。Dalton 和 Serapio 认为,公司为了完成先进技术的创新活动,可能将 R&D 机构分布于多个海外区位,利用当地的技术创新优势,共同进行先进技术的 R&D,形成核心技术,然后再将这些技术应用于全球市场,以获得最大化利润。

第二节　跨国公司研发国际化的类型与组织模式

一、研发国际化的类型

许多学者对跨国公司研发国际化的类型进行了研究。经过归

---

① Donald H. Dalton and Manuel G. Serapio, *Globalizing Industrial Research and Development*. US Department of Commerce, Technology Administration Office of Technology Policy, 1997.

纳整理,我们可以把跨国公司的国际研发活动分为四种类型:市场驱动型、资源导向型、生产支持型和政策引导型。

1. 市场驱动型

Dalton 和 Serapio 把美国跨国公司到海外投资研发的市场驱动因素归纳为:(1)开发设计适合当地市场的产品;(2)为当地开发新产品;(3)支持母公司在东道国的生产、销售或服务性机构(Dalton,Serapio,1993)。跨国公司市场驱动型海外研发投资是对其海外生产或市场开发的一种支持性投资,其主要目的是通过开发适合当地市场的产品来扩大市场份额。以母国为基础的技术开发是跨国公司对外研发投资的一个重要原因(Kuemmerle,1991)。这种类型的对外投资的主要目的是充分利用跨国公司现有的技术知识存量,开拓国际市场;其主要影响因素是东道国市场规模和成长潜力。跨国公司海外投资设立的支持实验室的任务是将母国产品和生产技术适应东道国市场。

研发职能分散化行动的理论基础是,集权化的研发职能距离市场太远,无法避免新产品不适应当地市场的失败;与客户的观念相差太大,反应迟缓无法开发新技术。理解技术的生命周期能使跨国公司及时引入新产品(Ford,1981)。在迅速变化的世界格局中,公司的成功依赖于将其技术与营销战略相结合的能力。

2. 资源导向型

在全球范围内寻求具有竞争力的资源也是跨国公司研发国际化的动机之一。这里所谓的资源并非只局限于原材料,而是包括技术、人力资源等在内的一个较为广泛的概念,因此,又可以将其称为生产要素。

获取海外先进技术是跨国公司到海外设立研发机构的另外

一个原因(Dalton,Serapio,1991)。技术导向的动因包括推动美国公司到海外投资研发的下列因素:挖掘研发人才,发展新科学和新技术,为更广泛的顾客开发新产品,监控国外的技术发展,参与合资或合作研究。技术导向是影响计算机硬件、工业化学和药品公司投资海外研发决策的重要因素。跨国公司进行海外研发投资,除了为了开拓海外市场外,主要目的是从海外获取先进的技术与知识,增加母公司现有的技术存量,提高跨国公司的国际竞争力。影响这类研发投资的当地因素主要包括东道国公共部门和私有机构研发的投资量,国内人力资源存量,有关科技领域所取得的卓越成果(Walter,Kuemmerle,1991)。跨国公司建立海外研发机构可以充分利用外国科研基础设施,这一趋势正变得越来越普遍,不仅在技术密集行业如医药、电子和生物等行业,甚至在一些机械行业也是如此(Granstrand,1993)。挖掘当地人才也成为跨国公司进行海外研发的一个重要动机。虽然规模经济性要求研究开发的集中化,但获取国外专业人才和进入研究前沿的需要构成了强有力的分散化的动机。海外研发投资的迅速增长,反映了跨国公司致力于利用外部科学和技术能力,创造新技术资产的倾向。

3. 生产支持型

在某些领域中,技术和工程 Know-how 中心的建立,是为了支持制造工厂的运转。在一些情况下,海外生产成为研发分散化的吸引因素(Pearce,Singh,1992)。根据对英国制药业大中型跨国公司样本所做的调查,发现有两个最重要的因素影响跨国公司研发的区位选择:一是接近总部;二是接近制造厂。这两个因素被称为是内部化因素,说明研发的分散化和国际化主要受内部化因素的影响。在设计跨国公司研发布局的类型时,内部化的考虑比外部化的考虑更为重要(Hakanson,1986)。

4. 政策引导型

除以上动机之外,母国的法规和研发投资环境,东道国的需求和政策,全球兼并和收购对全球研发格局的影响等也是企业进行研发国际化的动因。研发活动将创造直接的和间接的外溢效应,因此东道国急切要求跨国公司在当地设立研发机构,开展研发活动。跨国公司是先进技术的载体和绝大多数前沿技术的创造者,也是世界技术转移和技术扩散的主体。由于技术具有广泛的外溢性,与跨国公司开展合作,成为发展中国家获得技术、提高国家技术能力的重要渠道。为实现技术转移和享受与之相关的溢出效应,东道国政府会制定相关政策促使跨国公司在当地设立研发机构,推动技术转移(Dunning,1981)。

二、跨国公司全球研发活动的组织模式

R&D 全球化的迅猛发展,给跨国公司 R&D 组织管理带来了严峻的挑战。但令人遗憾的是,有关跨国公司 R&D 全球化组织管理的理论研究在很长一段时间内被忽视了(Cheng and Bolon, 1993; Cantwell, 1992; Gassmann, 1997; Gassmann and Zedtwitz,1999; Kazuhiro Asakawa, 2000、2001)。国内外学者关于跨国公司 R&D 全球化的研究一般集中于投资动机、区位选择以及海外 R&D 对母国和东道国的政治经济影响方面。过去虽然也有一些学者在研究跨国公司海外 R&D 机构区位选择时涉及一些组织管理概念,但大多数研究主要集中在海外 R&D 机构的职能定位、海外 R&D 机构与母国试验室的关系等方面(如 Cordell, 1973; Ronstadt, 1977; Behrman & Fischer,

1980；Pearce，1989），专门针对 R&D 组织管理的研究较少①。直到 20 世纪 90 年代，一些学者才开始注意提升这方面的研究（Grandstand，1993；Pear-son，1993；Chiesa，1996；Kuemmerle，1997）②，*Research Policy* 杂志于 1999 年出版的有关 R&D 全球化的专辑中，就有两篇论文专门论述跨国公司全球性的 R&D 组织结构，这标志着这一领域的研究已经引起了人们的关注③。

1999 年，瑞士三位学者（Boutellier，Gassmann and Zedwitz）在考察了全球跨国公司 R&D 组织管理的不同结构理论和行为理论后，提出了跨国公司全球 R&D 组织管理的 5 个组织概念④：母国集权型 R&D 组织模式（Ethnocentric Centralized R&D），全球集权型 R&D 组织模式（Geocentric Centralized R&D），多国分权型 R&D 组织模式（Polycentric Decentralized R&D），核心型 R&D 组织模式（R&D Hub Model），一体化网络型 R&D 组织模式（Integrated R&D Network）。

1. 母国集权型 R&D 组织模式

母国集权型 R&D 组织模式是指跨国公司将所有的 R&D 活动都集中在母国，不在海外进行任何的 R&D 活动。这种模式一般在

---

① 吴秀波：《跨国公司全球化 R&D 的组织模式选择及发展趋势》，《中国科技论坛》2005 年第 2 期。

② Granstrand，O.，L. Hakanson and S. Sjolander，*Internationalization of R&D-A Survey of Some Recent Research*. Research Policy，Vol. 22，pp. 413-430.

③ 这两篇论文分别是：IVO Zander 的 *How Do You Mean 'Global'？An Empirical Investigation of Innovation Networks in the Multinational Corporations* 和 Oliver Gassmann，Maximilian Von Zedtwitz 合写的 *New Concepts and Trends in International R&D Organization*.

④ Roman Boutellier，Oliver Gassmann and Maximilian Von Zedtwitz，*Managing Global Innovation：Uncovering the Secerts of Future Competitiveness*. Springer-Verlag Berlin Heidelberg，1999.

跨国公司国际化经营的早期采用。公司依靠本国的"智慧库"创造新技术、新产品，并将这些产品在全世界范围内销售，获取最大化利润。采用这种组织模式的跨国公司一般拥有"核心技术"，并且远远领先于其他国家的企业，为了保护本国技术不致泄露，跨国公司将所有技术的 R&D 活动集中在母国，不进行海外 R&D 投资。从国别上来看，日本的跨国公司更倾向于采取这种组织模式，如在 20 世纪 80 年代，日本钢铁公司虽然受到来自低成本国家或地区的强大竞争压力，但该国仍然将几乎全部的 R&D 活动置于本国，在东京附近设有 4 个公司实验室（约 1000 名 R&D 人员），7 个国内的炼铁厂也有 R&D 机构（约 150 名 R&D 人员），但这些 R&D 机构主要支持工厂生产以及为客户提供技术服务。

如果跨国公司的产品是全球统一的，企业生产可以不考虑地区的差异，这类跨国公司也可以选用母国集权型的 R&D 组织体系。母国集权型 R&D 的优点除了有利于保护核心技术外，还可以为企业带来 R&D 规模化和专业化方面的优势，这是熊彼特的规模报酬递增理论在 R&D 中的再现。规模收益递增可以降低 R&D 成本，缩短 R&D 的周期。另外，R&D 人员在地理位置上相对集中，有利于信息在不同科学家之间的交流；R&D 活动集中在一国之内，企业可以采用统一的管理系统，并且由于 R&D 人员拥有共同的文化背景和价值观念，对技术远景容易达成共识。

当然，这种模式的缺点也是明显的：其一，对来自海外的市场信号和外国技术缺乏敏感性；其二，对海外市场的需求缺乏足够的考虑；其三，经常发生创新缺失综合征；其四，组织结构容易发生僵化。

2. 全球集权型 R&D 组织模式

随着经济全球化的不断发展，跨国公司逐渐意识到仅在母国进行 R&D 活动已经无法适应企业日益国际化的需要了,于是,一些跨国公司在母国集权型的基础上向外扩展 R&D 活动,逐渐形成了全球集权型的 R&D 组织模式。全球集权型 R&D 组织模式保留了母国集权型组织模式集中进行 R&D 活动的优点,同时兼顾国际化的市场需求,将大部分 R&D 活动集中在母国,但根据需要在海外设立一定的 R&D 机构,跟踪国际市场,与其他国家企业进行 R&D 合作,并同当地的制造商、供应商、顾客进行交流。

全球集权型 R&D 组织模式提供了一个既能兼顾国际化需求,又不放弃集中进行 R&D 优势的简单方法。这种方法要求跨国公司母国的 R&D 人员根据国际市场的需求变化不断调整自己的价值观和思维方式。全球集权型 R&D 组织仍然是一种不完全的全球化 R&D 组织模式,在适应日益全球化的国际市场需求方面仍然存在缺陷。如果海外的 R&D 机构定位不准确,可能会给企业带来负面的影响。

3. 多国分权型 R&D 组织模式

以上两种模式都是集中型的 R&D 组织模式,过分强调 R&D 职能的集中化管理,未能考虑本地化的需求。在今天"本地化"已经成为跨国公司经营的一种趋势,跨国公司在东道国的分支机构越来越淡化母国特征,争取融入当地的经济环境,特别是对那些以地区市场为导向,生产区域性差异产品的跨国公司而言,为当地客户量身定制产品迫使它们将越来越多的 R&D 活动放置到东道国当地进行。另外,东道国出于对本国产业发展的考虑,也要求跨国公司将高附加值的 R&D 环节放置在本国。基于以上考虑,一种新型的 R&D 组织模式开始出现,跨国公司根据国际市场的需要将其 R&D 职能分散到多个中心,每个中心负责当地的 R&D 活动,并对当地的管理层负责。这种 R&D 组织方式的特征是海外 R&D 机构拥有高度的自主性,独立进行 R&D 研究,母公司通过协调各海外分支 R&D 机构的活动实现技术创新的总体战略。

当然,多国分权型 R&D 组织机构也存在一些问题,其中最为突出的是各个区域性 R&D 中心在协调上比较困难,有时多个 R&D 中心的研究内容可能出现重复,并且对其他 R&D 机构的研究成果不以为然,最终导致 R&D 资源的浪费。

4. 核心型 R&D 组织模式

核心型 R&D 组织模式是在综合了全球集权型和多中心分散型两种 R&D 组织模式优点的基础上形成的一种新 R&D 组织模式。在这种组织模式下,跨国公司一般将母国的主要实验室作为 R&D 组织的轴心,从事主要技术的 R&D,在该技术领域建立全球领先地位,海外 R&D 机构仅限于从事事先规定的技术创新活动,有时海外 R&D 机构仅仅作为公司设在国外的技术监测站。核心型 R&D 有严格的控制中心,可以避免海外 R&D 机构资源配置不合理导致的重复 R&D 问题。在这种模式下,海外 R&D 机构可以是独立的法律实体,可以拥有自己 R&D 成果和知识产权。

核心模式与全球集权模式的区别在于:前者的 R&D 工作是分散的,但控制系统是集中的;而在全球集权型 R&D 组织模式下,海外 R&D 机构仅仅承担辅助性 R&D 工作,对跨国公司的生产、销售提供技术服务。核心模式的优势在于能够迅速发现当地的市场需求,并保持全球 R&D 活动的一体化。如果公司中心实验室对海外机构协调得当,充分利用各地的优势形成合力,公司的整体创新能力将得到加强。但这一模式也有缺点:其一,协调成本比较高,在信息交流方面存在时间成本;其二,中心实验室对海外机构的指令可能会压制海外 R&D 机构进行技术创新的积极性,影响其创新效率和灵活性。要保证核心型 R&D 组织成功运作,跨国公司既要保证中心实验室有足够的能力充当技术领袖,又要有效地协调全球R&D 系统,保证中心与分散的 R&D 单位之间信息交流的通畅。

5. 一体化网络型组织模式

随着网络经济的迅猛发展,跨国公司纷纷运用信息技术手段进行全球组织结构的调整,改变原有的科层组织形式,用网络组织整合全球资源。在组织网络化浪潮的推动下,跨国公司的 R&D 组织结构也出现了网络化的发展趋势,逐渐形成了一种一体化网络型的 R&D 组织模式。在这种网络结构模式下,跨国公司母国的R&D 机构不再是协调海外 R&D 机构的中心,而是众多相互依赖的全球 R&D 机构中的一员。这些 R&D 组织通过灵活的、不同类型的协调机制紧密地联系在一起,共同构成公司的 R&D 网络。网络中的每一单位都对公司的整个价值创造过程负责,在某一产品、某一部件或某一技术的 R&D 方面形成专业化的能力,有时某一R&D 机构也会扮演领导者的角色。

一体化网络型 R&D 组织结构中的海外 R&D 机构更具战略意义。一个优秀的海外 R&D 中心不仅要充当国际技术监测站,还要根据国际市场的变化参与公司 R&D 战略的制定和业务开发。原来具有控制职能的中心实验室已经转化成了网络中的普通一员,网络重心随着公司战略的转移和各个 R&D 实力的变化而转移,谁拥有战略性技术,谁就可以领导其他 R&D 机构。

三、跨国公司 R&D 组织模式的演进

Boutellier,Gassmann 和 Zedwitz 在对跨国公司 5 种 R&D 组织概念分析的基础上,还研究了 5 种组织模式的演进趋势。按照三位学者的观点,跨国公司在选择 R&D 组织模式时,主要考虑分散 R&D 与集中 R&D、合作 R&D 与竞争 R&D 对企业整体经营战略的影响,

并根据企业面临的外部经营环境,选择最适合自己的 R&D 组织模式。图 3—1 描述了跨国公司 5 种 R&D 组织模式的演进关系。

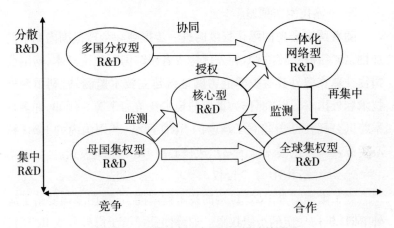

图 3—1 跨国公司 R&D 组织模式的演进

资料来源:Boutellier,Roman,Oliver Gassmann and Maximilian Von Zedt-witz,*Managing Global Innovation*,*Uncovering the Secrets of Future Competitive-ness*. Springer-Verlag Berlin Heidelberg,1999.

如果假定一家跨国公司最初由一个国家(母国)开始向外扩张,走国际化道路,那么,企业将在以下五个方面因素的作用下,逐渐实现全球 R&D 组织结构的转变。

1. 外部化导向

在刚刚开始进行国际化经营时,跨国公司可能仅仅在海外进行生产和销售,而将 R&D 全部职能保留在母国,此时的 R&D 组织结构就是母国集权型 R&D 组织模式。随着企业国际化程度的不断深化,跨国公司为了更好地适应东道国市场或为海外生产提供技术支持,就会产生外部导向的 R&D 投资需求。此时,企业的

R&D 组织模式在外部化导向的作用下,逐渐由母国集权型向全球集权型 R&D 组织模式转变。

2. 设立技术监测站

随着跨国公司国际化程度的进一步提高和全球范围内竞争的加剧,为了保持全球技术领先优势或者跟踪国际先进技术,跨国公司往往会在海外具有技术能力的地区建立技术监测站,利用海外技术和外国 R&D 资源作为重要的技术竞争力来源。例如,许多日本跨国公司在欧美建立了严密的 R&D 网络,利用国内的 R&D 核心资源和国外的技术监测站组成核心型 R&D 组织模式。

3. 对海外 R&D 单位授权

为了增强海外 R&D 机构的技术创新能力,跨国公司要给予海外 R&D 机构一定的组织权限。如跨国公司给予海外分支 R&D 机构较多的组织权限,允许各个地区的 R&D 机构建立各自的技术创新能力,这样的 R&D 组织结构就是多国分权型 R&D 组织模式。

4. 整合分散的 R&D 网点

随着分散的海外 R&D 机构技术能力不断增强,如何整合全球的技术创新能力就成了跨国公司面临的一个重要课题。特别是以并购(M&A)的方式进行海外扩张的跨国公司,新收购的海外 R&D 机构需要融合进公司全球的 R&D 网络中来。跨国公司在一体化经营战略的指导下,通过统一的组织,协调各海外 R&D 机构,减少内部重复性技术职能,加强系统协同能力,各海外 R&D 机构逐渐发展成为具有专门技术能力的创新中心,一体化网络型 R&D 组织结构开始形成。

5. 重新集中

在一些真正的全球化公司中,虽然一体化网络型 R&D 组织结构得到实施,但公司的 R&D 资源并不是平均使用的。在降低成本的压力下,跨国公司往往将 R&D 重点放在少数几个 R&D 中心上,并把 R&D 决策权力进行相对再集中,这一变化主要是为了减少R&D 机构的数量,强化网络内部的技术转移,并利用好 R&D 机构的规模经济,更好地协调全球分散的 R&D 活动。

在具体分析某一家跨国公司时,其 R&D 组织战略思想的转变可能受到更多因素的影响。有时公司对市场机会和外部风险的考虑会存在显著差异,甚至还会受到政治因素的影响。但总的来说,跨国公司组织结构的变迁是遵循一定规律的,具有渐进发展的特征,不会出现重大的飞跃。

第三节　跨国公司研发国际化案例:三星电子

韩国三星电子株式会社(以下简称三星电子)成立于 1969年,隶属于韩国三星集团。三十多年来,特别是近十几年来,三星电子的发展可谓跌宕起伏。在 20 世纪 90 年代初,三星电子只是一家做 OEM 和购买外国芯片进行组装的普通电子产品公司,但在短短十几年间,三星电子却已经掌握了强大的核心技术能力。从1999 年开始,作为三星集团旗舰企业的三星电子可谓好事不断。当年,它在陷入金融危机的亚洲大企业中率先实现了扭亏为盈;2000 年,它的营业总收入高达 270 亿美元,利润超过了 53 亿美元;2001 年,世界品牌评价权威机构评定它的品牌价值为 63.7 亿美元,仅次于索尼而高居世界电子企业的第二位,在全球最佳 100强品牌中位列第 43 位;2002 年,其品牌价值跃至第 34 位,进一步巩固了它在世界电子企业中亚军的地位。同年,三星电子营业收入达到 476 亿美元,纯利润高达 56.3 亿美元,在《财富》世界 500强中排名第 59 位。同年 6 月,在美国《商业周刊》排定的全球 IT

百强中,它又以绝对优势领先微软、IBM、Intel,力拔头筹。在 2003 年度"世界品牌价值排名 100 强"中,三星的品牌价值达到 108 亿美元,排名全球第 25 位,连续两年成为全球品牌价值上升最快的公司。三星电子无疑是当今运作杰出的企业之一。①

三星电子也曾是廉价货的代名词,模仿别人的技术,制造了大量缺乏灵感的廉价产品;三星电子也曾采取过分追求产量谋求价格制胜的经营方式,在国际市场上没什么地位和影响力。但三星电子改变了这一切。它现在生产最为尖端的产品,以高档次的形象风靡全球市场,将 17 项产品做到了世界第一,与索尼齐头并进地成为行业主导者。它再也不用像中国企业一样被别人掐着脖子求发展,2001 年它在美国注册的专利项已经超过了索尼,位居世界第五……这种种改变,是从 1997 年亚洲金融风暴几近破产的危机后开始的,中间只用了短短 5 年时间。

三星电子的发展靠的是管理创新,技术领先和营销成功,其中尤以技术为最。它的成功从本质上说是技术的成功,是产品的成功。三星电子在"技术获取→技术能力→竞争能力→市场优势"上有着完善的体系。

1. 强化自主知识产权

以知识产权为主要手段的发达国家技术保护攻势,给韩国企业带来了巨大冲击。尤其是 1987—1988 年间,美国著名半导体企业 Texas Instrument(TI)对三星电子的侵权起诉,使三星电子为此付出了巨大的代价,同时也使三星电子认识到技术的重要性。

创业初期,三星电子技术基础非常薄弱,主要从国外引进先进技术。但是,它并不只是停留在引进技术的层面上,而是通过引进、消

① 金麟洙:《从模仿到创新——韩国技术学习的动力》,新华出版社 1998 年版。

化、吸收,培养自己的研发队伍和研发能力,走自主创新之路。

三星电子初期生产低档黑白电视机和低档 DRAM,在它所选择的市场上取得的业绩很不错。但根据当时与外国公司签订的技术支持协议,三星电子很难获得除基本组装技术之外的关键技术。为此,三星电子一方面仍积极地通过各种渠道获取外国技术,另一方面在公司内部大力开展对关键技术的消化吸收和掌握。

在此基础上,三星电子针对当时韩国国民收入较低、对黑白电视机需求大的特点,利用已掌握的技术,在 1975 年开发了符合韩国国民特殊需要的修改版经济型 12 英寸黑白电视机,投放市场后,大受欢迎。虽然从技术角度看,产品的零部件仍主要依赖进口,但是,这时的市场、产品和技术的匹配已发生实质变化——三星电子已掌握黑白电视机的必要技术并能对产品设计进行改进。继开发经济型黑白电视机之后,三星电子又陆续开发了 14 英寸彩色电视机(1976)、微波炉(1979)、家用录像机(1984)、1M DRAM(1986)、便携式摄录像一体机(1989)等产品。

与生产第一批黑白电视机和 64K DRAM 时几乎不掌握关键技术的情况不同,三星电子在开发上述产品之前通过“反解工程”已经破解和基本掌握了有关产品的关键技术,其投放市场的产品是在参考行业主导设计的基础上由三星公司自行开发的,有一定程度的创新。

在此阶段,除了广泛利用“反解工程”方法外,三星电子还采用了另外一些方法来获得关键技术,如:在外国小公司中寻找技术来源;聘请在海外受过训练的、掌握最先进科学技术知识的韩裔科学家和工程师;在美国硅谷和日本东京建立研究与开发中心;让设在韩国的研究与开发中心和设在外国的研究与开发中心并行地开发同一新产品,开展内部良性竞争等。这些方法所产生的协同作用,对于三星电子打破外国公司的技术封锁,促进外国公司向三星电子转让先进技术,加速三星电子破解和吸收先进技术,提高三星电子技术水平和总体技术能力,提升三星电子的市场、产品和技术匹配的档次,起到了很大的作用。在这一阶段,虽然三星电子已经破解和掌握了有关产品的关键技术,但它并没有发明这些关键技术,其自主的技术开发能力还不强,产品的自主创新程度还不高;它开发、生产和销售的产品在世界市场上还属于低档产品,利润率不高。另外,它还需向外国公司支付巨额的技术使用费。尽管如此,三星电子的市场、产品和技术的合适匹配还是在市场上取得了巨大成功,获得了可观的经济收益。它把经济收益中的很大一部分投入研发活动,建立了韩国最大的研发机构,在加快消化吸收外国先进技术的同时,进一步加强了自身技术开发和产品创新的能力。

2. 以市场为导向的技术研发

三星电子极为引人注目的一点是其新产品战略。它的新产品推出速度比业界平均水平快 1—2 倍,令其竞争对手感到极大压力。实施这种产品战略需要企业拥有一定的技术积累,但并不一定要求企业具有基础技术层面上的创新能力。新产品快速推出的战略要求的是先期对市场的准确判断、企业决策的灵活性以及后期在市场上推进的能力。三星的所谓"新产品"大多对技术只有小步改进的要求,这种新产品推出战略值得中国企业关注和研究。

三星手机没有一块芯片是自己的,其核心竞争力主要表现在精致而漂亮的外观设计和工艺水平上,这是令许多使用者爱不释手的主要原因。决定手机受欢迎的最重要的因素有两点:第一是质量,第二是外观设计。在这两点上,三星电子都有很好的表现,质量和外观设计的实力决定了三星手机在市场上的竞争力。国际排名公司加纳集团的统计表明,三星电子已经超越瑞典电信巨人爱立信成为全球第三大手机生产商,紧随诺基亚、摩托罗拉之后,其中 CDMA 手机全球排名第一。

3. 实现技术引进途径多边化

三星电子的技术引进途径主要依靠日本。三星电子几乎在所有的领域与日本企业都有联系,如与日本三洋在家电方面的合作,与日本夏普在半导体方面的合作等。三星集团除了日本以外,还从美国引进了诸如石油化学、电脑、半导体、体育饮料、光通讯等尖端技术。近年来,由于三星在各个方面取得了令人瞩目的成就,使得美国、日本等国开始提防三星,回避向三星出口先进技术。因此,三星的技术引进途径也发生了变化,其中,最典型的是与俄罗斯的技术合作关系。俄罗斯拥有的基础技术和军事工业技术对韩国三星来说具有很大的吸引力。目前,三星已在废水处理技术、光技术、航空技术等方面与俄罗斯建立了合作关系。

三星与俄罗斯的技术合作有一个很重要的特点,即三星不仅重视引进技术,而且还非常重视直接引进技术人员。目前,三星已从俄罗斯引进三十多位科学家在三星研究所工作。

在引进技术对象多边化的努力中,还有一个重要的措施,就是直接在国外设立研究中心。目前,三星已在 4 个国家设有 22 个研究所。由于发达国家技术保护主义越来越严重,引进先进技术的难度也越来越大,而在国外设立研究中心不仅可以收集发达国家的最新研究情报,利用当地研究人员开发新技术,而且还可以将其作为国内技术人员的培训基地。有时还可以把国外优秀的研究开发人员挖到国内来。

三星电子不仅重视引进国外技术,而且还积极与国内外企业进行技术合作。在韩国国内,三星电子与金星签订了专利交换协定;在国外,三星与美国、日本企业建立了合作关系。目前,三星半导体技术居世界第 11 位,存储器技术居世界第 1 位。正是三星先进的存储器技术,使日本、美国的半导体企业纷纷前来,积极开展与三星的合作。日本的东芝、三菱、NEC,美国的 DFC、NVX 等企业已与三星签订了技术合作协议。能够与这些企业平等地进行技术合作,说明三星技术已具有相当的先进性。这表明,一个企业若想在国际舞台上与其他先进企业进行合作,必须拥有自己的先进技术,三星在半导体尤其是在存储器技术方面能够与日本、美国等发达国家企业进行技术合作,就是一个很好的例子。

4. 以全面质量控制为技术创新的战略武器

面对 2001 年以来的世界经济下滑,许多世界级知名公司都忙于削减生产或关闭工厂,减少研发资金以便渡过难关,如三星电子的竞争对手 NEC 和日立公司都大大压缩了它们的芯片生产能力。三星电子却反其道而行之,不仅不减产,反而又引进两条新生产线,增加芯片生产能力。同时还加大了科研投资,进一步改进了它的半导体和液晶显示的操作工艺,使产品竞争能力得以提升,从而战胜了来自日本公司的竞争。如今三星产品在世界市场的占有率已相当惊人:平面监视器占 13%,世界第一;DRAM 芯片占 27.9%,世界第一;DVD 机占 11%,世界第二;手机占 7.5%,世界第三。

第四节　研发国际化与技术竞争力:基于
美国跨国公司的实证研究

一、假设提出

尽管很多学者对企业竞争力和绩效的关系进行了研究,但企业如何通过战略来获取这种竞争优势仍然不够明晰,而且,对相关领域国际化的实证研究也较少。实证研究不多的原因是在方法上有一些隐性的问题(Henderson and Cockburn,1994)。

要度量企业的技术竞争力可以通过两个技术维度:一个是技术效率,另一个是技术效能。技术效率是用技术产出来度量企业产生新技术的能力。技术效能是运用企业在这样的产出下所消耗的资源来度量企业产生新技术的效率。

如果企业了解如何有效地运用海外的技术资源以提升其技术竞争力,那么就存在一个问题,即对于进行研发国际化的企业,为了利用海外的资源,是否有必要进行海外研发?或者企业是否可以直接购买技术?

正如前面的分析所指出的,有很多原因可以解释企业为什么要开展国际化的技术活动。第一,研发本身是一种高风险活动,很难确定前期的研发成本和收益之间的关系(Dosi,1988)。精确的成本和最后的产出结果都很难预测(Freeman,1982;Nelson and Winter,1982)。第二,购买技术通常意味着交易信息,但有些技术是很难被严格定义的,需要特定的技术环境。这种信息在技术人员和研发机制不转移的情况下是很难被传递的。Culter(1989)发现高科技扩散的关键因素就是人员交流和技术合作。企业特有的技术中暗含的成分越多,企业从国际研发中得到的益处就越多,因为国际化的组织可以提升企业运用人力资本的能力,并且可以在组织内部转移暗含的技能。第三,评估即将交换的信息也存在着困难。这些困难是由信息不对称和半公开特性造成的。为了评估信息的价值,买方需要了解信息,如若买方已了解,那么就没有支付价格的必要。第四,由于技术的半公开性质,为了达到创新的最大化效益,技术的卖方会阻止买方将技术运用到其他方面,这样卖方可以继续卖给第三方。

所以,协商一个确切的产权和机制将权利确定成一个合同十分困难,特别是当这个技术有很广的应用前景时。跨越国家边界签订协议会增加不确定性和复杂性。这些跨越国家边界转移技术的困难使企业将这种转移国际化,从而创造了跨国公司(Teece,1977,1981)。即使技术本身是可以转移的,这个转移过程也是十分复杂的,买方需要很长的时间、努力去消化国外技术(Agmon and Von Glinow,1991)。如果企业没有国际化的能力,那么评估、吸收和使用引入的技术会非常困难(Cohen and Levinthal,1990;Dosi,1988;Praharad and Hamel,1990;Rosenberg,1990)。Henderson and Cockburn(1994)提出,企业从外界获取新知识并且将其融入组织是保持持续竞争优势的源泉。这种国际化的能力可以通过长期积累形成,且不可转移(Cohen and Levinthal,1990),企业需要通过自主研发来建立这种能力。Arora and Gambardella(1994)发现拥有更高级的国际化研发能力的企业可以开发更好的技术。所以,企业的国际化研发水平越高,企业从外界获取技术的能力就越强(Arora and Gambardella,1990)。在几个关于吸收能力的国际化研究中,Ronstadt and Kramer(1982)提出,企业自主的海外研发实验室会给经理提供最好的机遇去从事国际化经营。

基于上述分析,提出如下假设:

假设1:海外研发对技术效率有积极影响。

技术效率度量的是企业在海外进行研发是否使产生新技术的效率提高。企业可以有更多的技术产出,但可能仅仅是研发费用增多的结果。如果企业在海外研发比专门在母国进行研发的效率更低的话,企业最好不用进行研发国际化。在海外分散研发会有很多问题,企业可能会失去研发的规模经济,因为企业的研发活动被分散为许多小单元,这样就不能达到一定规模使研发活动更有效(Hewitt,1980;Kuemmerle,1996)。研发国际化会使研发单元之间的协作和交流、研发单元和公司其他职能部门之间的协作和交流变得越来越复杂和困难（Granstrand, Hakanson and Sjolander, 1993; Hirschey and Caves, 1981; Pearce and Singh, 1991）。尽管跨国公司为了提升中心和海外分支机构之间的沟通效率和效果，已经使用了很多办法，但跨国沟通依然存在障碍。Mckenny, Zack and Doherty（1992）发现研发活动中的问题争端需要面对面的交流，而不是通过电邮。地理位置的适合可以减少沟通成本而且能提升沟通效率。这种人与人之间的联系对于研究人员获取时新的知识和信息非常必要，能更有效地解决项目中出现的问题，产生新的观点（Collins, 1982; Kuemmerle, 1996）。

　　尽管如此，如果技术资源存在于国外，企业除非在当地进行研发，否则很难获取技术资源。由于当地的历史、社会和文化环境的影响，海外技术通常具有地理特殊性（Cantwell, 1990），企业必须通过当地研发而建立国际化能力去吸收这些技术。很多研究表明知识溢出具有地理定位的特点。在某个区域内，网络间的深度信息流，从当地的高校流向特定行业，再用于行业中的特定企业（Glaser, Kallal, Scheinkman and Shleifer, 1991）。从当地研发机构流出的非正式和正式的信息流对企业利用当地技术资源是必需的（Von Hippel, 1988）。为了使创新更有效率，企业与影响创新的其他各方的地理接近是必要的（Cantwell, 1995）。

　　另外，技术竞争力并不是研发活动唯一的产物，它还取决于研发部门与其他职能部门的相互作用（Cantwell, 1990）。在不同职能部门之间转移知识的能力也是竞争优势的来源（Henderson and Cockburn, 1994; Iansiti, 1993）。这种与其他部门的相互作用通常需要暗含知识的转移，并且更容易在地理位置比较接近的文化上和没有冲突的员工中进行（Conner, 1991）。

在研发活动和其他实体之间,这种交互作用依然需要。研发通常需要技术的或其他从顾客或者供应商处获取的信息(Von Hippel,1988)。有些研究已经发现,能更好地管理外部信息流的企业能够经营得更好(Henderson and Cockburn,1994；Von Hippel,1988)。一个国家内的技术资源体现在客户、供应商、研究机构组成的网络中。为了获取国外的技术资源,企业必须与外部网络发生作用。而且,企业与其供应商和客户之间的联系,具有当地化的特征(Dunning and Cantwell,1989)。它们通常分享共同的价值或者商务方式(Westney,1990)。De Meyer(1993)提出,进行国际化的企业可以更快地了解客户的需求和最近的技术发展趋势,并且能更快地拥有这些资源。通过进行研发活动,企业可以与外界技术环境更好地交互作用,例如客户、供应商等。

基于以上分析,提出如下假设:

假设2:进行海外研发对企业的技术效能有积极影响。

假设3:研发活动和其他实体的相互作用和联系越多,研发国际化对技术效能的影响会越强。

诸如技术竞争力这种能力的发展是有独立路径的,即它的发展和发生要以以前的学习水平和积累、投资、资产和发展活力为基础(Barney,1991；David,1985)。技术竞争力通过组织学习积累,即要依靠组织在相关领域的经验积累。技术创新活动是一个积累的过程,今天的技术创新活动确定了未来技术创新活动的方向(Crane,1972；Dosi,1988；Nelson and Winter,1977,1982；Rosenberg,1982)。企业获取和运用特定领域知识的能力取决于企业拥有的专门知识或技能,这些专门知识或技能都是企业长期积累的(Cohen and Levinthal,1990)。Mitchell(1989)发现,企业开发一项新技术的能力取决于企业在该行业的现存的能力。

同样,技术开发也存在时滞性。研发活动的投资在相当长的一段时间内可能不会有任何有形的结果。研发单元总是要花费数年时间研究才能取得一定的成果(Nelson,1991)。一个海外的研发实验室不可能在它一建立就马上出现成效。

基于以上分析,提出假设4和假设5:

假设4:企业进行海外研发的年数越长,研发国际化对企业技术效率的积极影响越大。

假设5:企业进行海外研发的年数越长,研发国际化对企业技术效能的积极影响越大。

二、变量设置和数据来源

1. 技术绩效的度量

有很多指标都可以用来度量企业的技术绩效或者创新绩效,包括专利数量、产品开发领先时间、新产品储量和科技作品发表(Henderson and Cockburn,1994)。大部分的研究都用专利数量来度量研发绩效(Griliches,1990;Henderson and Cockburn,1994;Jaffe,1993;Pavitt,1985)。

虽然运用专利数量来度量研发绩效是一种通用的方法,但是依然有很多学者认为这个方法存在着一些问题:第一,并不是所有的技术都可以以专利的形式表现。第二,专利的习性会因为国家、行业、技术类型或者公司的不同而不同(Mansfield,1986;Scherer,1983)。另外,有些行业会产生更多的专利。例如,Mansfield(1986)发现医药和化工行业产生的专利数量最多。由于有些技术有一些更特别的特质,使得这些技术很难以专利的形式表现,因此,拥有技术的公司会选择其他的知识产权方式去保护它们的技术;因为申请专利就意味着公开技术,拥有技术的公司可能不愿意有技术溢出;而且,申请专利的费用很大。第三,专利的数量并不代表专利的意义和重要性。有些专利会给专利持有者带来极大的经济价值,而且将成为很多技术的基础,但是很多专利可能没有或者只有很少的技术影响。

尽管这个方法存在着很多局限,但专利数量相对而言仍然是一个最适合的度量指标。专利数量是一个产出指标,而诸如研发费用和研发人员都是投入指标。Pakes and Griliches(1990)提出,研发费用会带来有经济价值的知识,而专利就是可以用来衡量有经济价值的知识的指标。已有研究证实了研发费用和专利数量的相关性(Hall, Griliches and Hausman, 1986; Pakes and Griliches, 1984)。最重要的是,专利数据很容易获得,可操作性也很强。

很多研究都证实了用专利数据来度量企业技术竞争力的有效性。Comanor and Scherer(1969)发现了专利数量、研发人员数量和新产品销售额正相关。Pavitt(1982)发现专利数量可以反映正在进行的研发活动的有效性。Mogee and Kolar(1994)发现专利数量与研发费用、科学论文发表、新产品产生高度相关。

2. 行业的选取

在不同的行业,企业的研发活动会遵循不同的模式。制药、化工和食品行业多为科学驱动,这些行业的公司的未来基本上依赖研究成果,所有这些公司都在为规模而奋斗,以补偿研究与开发的不可预测性,如杜邦、拉罗歇、舍林、巴塞尔、雀巢、花王等公司是这些行业的典型代表;在电子和软件等高科技行业中,新技术是研发最主要的力量,在这些行业中,产品的生命周期很短,新技术是公司在市场上取得竞争优势的根本手段,施乐、佳能、惠普、IBM、SAP等公司是典型的代表;对于电器行业和机械行业,居于主导地位的设计是该类公司进行研发的主要动力,如 ABB、戴姆勒—奔驰、MTU、迅达等公司在运作中依靠的都是非常成熟的技术。根据 2005 年英国研发榜的数据,本章选取汽车及零部件、IT 硬件以及生物医药三大行业的跨国公司作为样本公司,这三大行业的研发额占所有行业总研发额的大部分比例。

3. 变量设置

为了检验假设 1,因变量技术效率的操作变量为 PT00 和 PT04,即为 2000 年和 2004 年企业获得的专利数量。自变量为 CON,是一个哑变量,用来表示企业是否在 2000 年以前进行国际化研发活动。做这样的选取,是因为在大多数情况下研发投入不能在投入的当年就产生效益,存在着一定的滞后期,且滞后期的长短因行业的不同而异。为了验证假设 2,因变量技术效能的操作变量为 PTE02 和 PTE04,用企业在 1998 年和 2002 年的每个专利数所分摊的研发费用表示。考虑到研发投入会需要一定时间才能产生效果,专利数比研发费用的分摊滞后一年。

为了验证假设 3,即企业如果属于一个更需要在海外进行研发的行业,那么影响作用会更明显。自变量依然是 CON,哑变量,用来表示企业是否在 2004 年以前进行研发国际化活动,而因变量是技术效能,操作变量为 PTE04,即 2004 年获得的专利数所分摊的研发费用。

为了检验假设 4 和 5,即要检验时间因素对研发国际化与技术效率和效能的作用。我们把进行研发的样本分为两类:一类是在 1995 年以前就开始研发国际化的企业,另一类是 1995 年之后才开始国际化的企业。虚拟变量 CONB95 和 CONA95 表示在 1995 年以前就开始研发国际化和 1995 年之后才开始研发国际化的企业。

企业规模可能对研究结果产生一定的影响。Schumpeter 提出了两个关于企业规模和创新的互相矛盾的假设:一个是企业规模越大,企业的创新活动越多。因为企业拥有更多的资本、信息和技术人才,有承担费用和风险的能力,有研发的规模经济效应。另一个假设是大公司的创新活动会较少,因为大公司的决策很呆板,沟通和信息传递机制迟缓不顺畅。①对假设的实证研究验证了有关企业规模与技术创新的一些矛盾关系。Bain(1956)发现小公司在创新的时候效率更高,因为大公司存在创新滞后现象。其他学者也对公司规模与创新的正相关性进行了研究(Freeman,1982;Scherer,1984)。因此,本章选取企业规模为控制变量,操作变量是企业滞后一年的销售额。

4. 数据选取

本书对应 2003 年及 2005 年的英国研发榜,从全球研发排名1000 的跨国公司中选取了 89 家美国跨国公司,包括三个行业:汽车及零配件、IT 硬件和生物制药。这样,11 家汽车及零配件公司、61 家 IT 硬件公司和 17 家生物制药公司被选为样本公司。

选取美国跨国公司作为样本有以下原因:第一,美国公司的数据更有代表性,美国专利局有详细的申请专利资料记录,且美国公司的信息披露很完整。第二,美国跨国公司的国际化程度高、时间长、研发的投入多,研发国际化活动具有代表性。在英国研发榜所列出的 1000 家进行研发国际化活动的跨国公司中,美国的跨国公司占到了 42%。②

样本公司的专利数量来源于美国专利咨询网 https://www.

---

①　Schumpeter, Joseph A. , *The Theory of Economic Development*. Cambridge. MA: Harvard University Press,1934.

②　资料来源:*The 2005 R&D Scoreboard*, http://www. innovation. gov. uk/rd_scoreboard/.

delphion. com/。在这个网站可以对在美国、欧洲、日本专利局申请
的专利进行查询。本书选取的是被授予的专利数量，因为被授予
的专利要比提出申请的专利含有更高的技术因素和意义（Bas-
berg,1987）。样本公司的其他数据,包括年销售额、1998 年及
2002 年的研发费用是从英国研发榜 http://www. dti. gov. uk/ 上摘
录的。样本公司开始进行研发国际化的时间则是从公司网站或者
公司年报中查询的。

　　变量、数据来源和变量的相关分析如表 3—1 和表 3—2 所示。

表 3—1　变量和数据来源

变　　量	操 作 变 量	数 据 来 源
因变量 PT PTE	专利数量 专利数量/研发投入（t－1）	Delphion 专利咨询网 DTI 研发榜
自变量 CON00	虚拟变量 1,如果企业在 2000 年以前进行研发 国际化 0,如果不是	10－K 报告
CONB95	虚拟变量 1,如果企业在 1995 年以前进行研发 国际化活动 0,如果不是	10－K 报告
CONA95	虚拟变量 1,如果企业在 1995 年之后 2000 年之 前进行研发国际化 0,如果不是	10－K 报告
控制变量 SALES	Sales（t－1）	10－K 报告

表3—2　变量的相关分析 Correlations

		PT04	PT00	PTE04	PET00	SALES	CON00	CONB95	CONA95
Pearson Correlation	PT04	1	.866	.506	.449	.342	.317	.527	-.251
	PT00	.866	1	.496	.517	.287	.337	.545	-.251
	PTE04	.506	.496	1	.940	.832	.310	.555	-.287
	PET00	.449	.517	.940	1	.862	.303	.530	-.265
	SALES	.342	.287	.832	.862	1	.239	.416	-.202
	CON00	.317	.337	.310	.303	.239	1	.470	.432
	CONB95	.527	.545	.555	.530	.416	.470	1	-.547
	CONA95	-.251	-.251	-.287	-.265	-.202	.432	-.547	1
Sig. (2 – tailed)	PT04	.	.000	.000	.000	.001	.002	.000	.018
	PT00	.000	.	.000	.000	.006	.001	.000	.018
	PTE04	.000	.000	.	.000	.000	.004	.000	.012
	PET00	.000	.000	.000	.	.000	.004	.000	.012
	SALES	.001	.006	.000	.000	.	.024	.000	.057
	CON00	.002	.001	.004	.004	.024	.	.000	.000
	CONB95	.000	.000	.000	.000	.000	.000	.	.000
	CONA95	.018	.018	.012	.012	.057	.000	.000	.
N	PT04	89	89	89	89	89	89	89	89
	PT00	89	89	89	89	89	89	89	89
	PTE04	89	89	89	89	89	89	89	89
	PET00	89	89	89	89	89	89	89	89
	SALES	89	89	89	89	89	89	89	89
	CON00	89	89	89	89	89	89	89	89
	CONB95	89	89	89	89	89	89	89	89
	CONA95	89	89	89	89	89	89	89	89

三、数据分析

1. 均值分析

首先,根据样本公司在 2000 年是否进行研发国际化来对所有的样本进行均值分析,统计结果如表 3—3 所示。

从统计结果可以看出,在 89 个样本公司里,61 家公司在 2000 年以前就进行海外研发,其中有 9 家公司属于汽车及零部件行业,39 家公司属于 IT 硬件行业,另外 13 家属于生物医药行业。进行研发国际化的样本公司的专利数量和销售额均明显高于未进行研发国际化的样本公司。

表 3—3　根据是否在 2000 年进行海外研发将样本分类统计

	汽车 04		IT04		医药 04		PT04	
CON00	1.00	.00	1.00	.00	1.00	.00	1.00	.00
N	9	2	39	22	13	4	61	28
Mean (PT)	235.00	49.00	314.25	164.19	126.92	93.50	302.72	63.89
Mean (SALES)	27669.55	2526.00	4619.46	808.04	7599.07	200.50	8655.29	843.96

然后,按照样本公司是在 1995 年以前就进行研发国际化,还是在 1995 年之后才进行研发国际化,来对样本进行分类的均值统计,统计结果如表 3—4 所示。

从统计结果可以看出,在 1995 年以前就进行研发国际化的样本公司,其销售额和专利产出数量都明显高于在 1995 年之后才进行研发国际化的样本公司。

表3—4　根据是否在1995年以前进行海外研发将样本分类统计

CON	汽车04		IT04		医药04		PT04	
	before	after	before	after	before	after	before	after
N	3	4	19	20	7	6	61	28
Mean (PTE)	283.71	56.75	616.73	134.90	247.85	33.33	302.72	63.89
Mean (SALES)	32203.71	7163.00	8162.05	1254.00	13687.42	496.00	8655.29	843.96

2. 回归分析

我们运用普通最小二乘估计下的多元线性回归来判定变量间的关系,通过 p 值对变量间的线性关系的显著性进行检验,从而验证假设。由于回归模型的自变量数目很少,因此本文选取 R^2 判定模型的拟合优度。表3—5、表3—6、表3—7 和表3—8 是对各组因变量和自变量进行多元线性回归分析的结果,表中所示的每一个纵列,均是一次回归分析的结果。

(1)检验假设1

首先,从技术效率这个维度,将所有样本数据进行多元回归分析,分析结果如表3—5 所示。

从分析结果可以看出,控制变量 SALES 与因变量之间有显著的线性关系($p < .05$),可以证实大公司会有更多的专利产出。CON00 分别与 PT04 有显著的线性关系($p < .05$),与 PT00 有较为显著的线性关系($p < .1$),这可以证明进行研发国际化对跨国公司的技术效率产生积极影响。

表3—5　采用普通最小二乘估计研发国际化对技术效率的影响

	PT00			PT04		
Constant	166.967 (36.889)	36.463 (58.675)	40.283 (55.696)	178.692 (38.093)	58.392 (61.147)	62.609 (58.923)
SALES	.006*** (.002)	.005*** (.002)	.002*** (.002)	.008*** (.002)	.007*** (.002)	.003*** (.002)
CON00		203.855* (72.946)			187.914** (76.018)	
CONB95			379.250* (80.221)			356.174*** (84.869)
CONA95			45.603 + (76.109)			35.132 + (80.519)
R square	.910	.917	.917	.931	.945	.946

注：*** p < .000

　　** p < .05

　　* p < .1

　　+ p < .15

括号中为 T 值。

　　然后，将样本公司按照行业进行划分，对此样本空间下的因变量、自变量进行回归分析，结果如表3—6所示。

表3—6　采用普通最小二乘估计研发国际化对
技术效率的影响——分行业

汽车及零部件						
	PT00			PT04		
Constant	-90.007 (96.226)	48.735 (197.886)	19.291 (122.664)	126.220** (55.441)	41.714 (109.004)	205.591 (65.769)

续表

SALES	.046***	.046***	.045***	.003***	.003***	.003***
	(.002)	(.003)	(.002)	(.001)	(.001)	(.002)
CON00		55.422*			113.480**	
		(227.965)			(125.573)	
CONB95			125.872*			166.375*
			(25.340)			(35.754)
CONA95			228.891 +			166.218 +
			(169.628)			(90.950)
R square	.884	.885	.889	.902	.908	.910
IT 硬件						
	PT00			PT04		
Constant	129.158	22.195	29.965	136.319	43.889	49.983
	(45.660)	(66.666)	(60.607)	(43.734)	(64.324)	(60.742)
SALES	.032***	.028***	.019***	.039***	.036***	.028***
	(.006)	(.006)	(.006)	(.006)	(.006)	(.006)
CON00		185.581 +			160.367**	
		(86.399)			(83.364)	
CONB95			409.616**			336.097
			(99.731)			(99.953)
CONA95			44.211 +			49.479**
			(87.571)			(87.767)
R square	.768	.778	.780	.814	.828	.831
生物医药						
	PT00			PT04		
Constant	31.472	16.758	16.018	4.022	18.229	17.291
	(25.864)	(44.916)	(44.244)	(18.606)	(32.158)	(27.687)

续表

生物医药					
SALES	.022***	.021***	.025***	.020***	.020***	.025***
	(.003)	(.003)	(.004)	(.002)	(.002)	(.003)
CON00		22.540*			21.764**	
		(55.425)			(39.682)	
CONB95			45.391**			107.994**
			(78.765)			(49.290)
CONA95			42.658+			3.774+
			(57.122)			(35.746)
R square	.767	.776	.782	.810	.814	.819

注：*** $p < .000$

　　** $p < .05$

　　* $p < .1$

　　+ $p < .15$

在分行业检验中，在汽车及零部件和生物制药行业中，CON00 与 PT04 有显著的线性关系（$p < .05$），与 PT00 有较显著的线性关系（$p < .01$）；在 IT 硬件行业，CON00 与 PT04 有显著的线性关系（$p < .05$），而与 PT00 有较弱的线性关系（$p < .15$），但依然可以证明进行研发国际化对跨国公司的技术效率产生积极影响。在三个行业当中，控制变量 SALES 与因变量之间均有很强的线性关系（$p < .000$），再次证实大公司确实会有更多的专利产出。

综上所述，假设 1 通过检验。

（2）对假设 2 的检验

我们从技术效能这个维度，将所有样本数据进行多元回归分析，然后再分行业进行分析，分析结果如表 3—7 和表 3—8 所示。

表3—7　采用普通最小二乘估计研发国际化对技术效能的影响

	PTE00			PTE04		
Constant	150.875 *** (46.545)	37.790 ** (75.789)	46.247 ** (74.908)	222.662 *** (55.488)	82.097 *** (90.191)	95.158 *** (87.571)
SALES	.045 (.003)	.044 (.003)	.040 (.003)	.047 (.003)	.046 (.003)	.041 (.003)
CON00		176.645 + (94.222)			219.569 ** (112.127)	
CONB95			346.853 ** (107.892)			448.753 ** (126.131)
CONA95			11.834 + (102.362)			−5.597 + (119.666)
R square	.243	.446	.513	.247	.454	.531

注：*** p<.000
　　** p<.05
　　* p<.1
　　+ p<.15

从分析结果可以看出,控制变量 SALES 与因变量之间没有显著的线性关系,这说明大公司进行研发国际化活动并不一定比小公司更有效率。CON00 与 PTE04 有显著的线性关系(p<.05),与 PTE00(p<.15)有较弱的线性关系,这可以证明进行研发国际化对跨国公司的技术效能产生积极影响。

然后,再将样本公司按照行业进行划分,对此样本空间下的因变量、自变量进行回归分析,结果如表3—8 所示。

表 3—8　采用普通最小二乘估计研发国际化对技术效率的影响——分行业

汽车及零部件					
	PTE00			PTE04		
Constant	−61.908	43.634	39.357	−90.007	−48.735	19.291
	(161.667)	(333.603)	(221.804)	(96.226)	(197.886)	(122.664)
SALES	.044	.044	.043	.046	.046	.045
	(.004)	(.004)	(.004)	(.002)	(.003)	(.002)
CON00		24.540*			55.422**	
		(384.310)			(227.965)	
CONB95			231.320			210.286+
			(56.235)			(24.356)
CONA95			212.069*			228.891**
			(306.725)			(169.628)
R square	.005	.066	.299	.048	.243	.446
IT 硬件						
	PTE00			PTE04		
Constant	356.741	126.842	142.511	156.699	49.799	56.945
	(79.343)	(122.254)	(108.777)	(62.845)	(93.466)	(90.427)
SALES	.001	.001	−.001	.045	.041	.032
	(.004)	(.004)	(.004)	(.008)	(.009)	(.009)
CON00		356.118			185.472	
		(147.960)			(121.131)	
CONB95			684.523			391.526
			(154.609)			(148.801)
CONA95			39.335*			55.449
			(153.119)			(130.659)
R square	.001	.043	.052	.012	.038	.038

续表

生物医药					
PTE00			PTE04		
Constant	127.046 (53.058)	36.348 (87.664)	39.107 (72.639)	134.988 (67.306)	19.404 (111.143)	24.287 (62.532)

	PTE00			PTE04		
Constant	127.046 (53.058)	36.348 (87.664)	39.107 (72.639)	134.988 (67.306)	19.404 (111.143)	24.287 (62.532)
SALES	.110 (.005)	.108 (.005)	.094 (.007)	.069 (.007)***	.065 (.007)	.041 (.006)
CON00		138.938 (108.175)			177.060* (137.148)	
CONB95			392.421 (129.315)			625.552 (111.322)
CONA95			63.867* (93.782)			44.234* (80.733)
R square	.006	.078	.312	.009	.052	.513

注: *** $p < .000$
　　** $p < .05$
　　* $p < .1$
　　+ $p < .15$

在分行业检验中,三个行业中的 SALES 与 PTE00、PTE04 均没有显著的线性关系,再一次证实了大公司的研发国际化效率不一定比小公司高。在汽车及零部件及生物医药行业,CON00 与 PTE04 均有显著的线性关系($p < .05$);在 IT 硬件行业,CON00 与 PTE04 没有显著的线性关系;在汽车及零部件以及生物医药行业,CON00 与 PTE00 均没有显著的线性关系;在生物医药行业,CON00 与 PTE00、PTE04 均有较显著的线性关系($p < .1$)。

综上所述,假设 2 通过检验。

（3）检验假设3

为了检验假设3，可以将 PTE04 作为因变量，CON00 作为自变量，分行业进行检验。结果如表3—9 所示。

表3—9　研发国际化对技术效能的影响（行业因素）

	汽车及零部件	IT 硬件	生物医药
	PTE04	PTE04	PTE04
Constant	−48.735 （197.886）	49.799 （93.466）	19.404 （111.143）
SALES	.046 （.003）	.041 （.009）	.065 （.007）
CON00	55.422** （227.965）	185.472 （121.131）	177.060* （137.148）
R square	.446	.038	.052

注：　＊p < .000

　　　＊＊p < .05

　　　＊p < .1

　　　＋p < .15

从分析结果可以看出，在汽车及零部件行业，CON00 与 PTE04 有显著的线性关系（p < .05）；在 IT 硬件行业，CON00 与 PTE04 没有显著的线性关系；在生物医药行业，CON00 与 PTE0 具有较显著的线性关系。

假设3 通过检验。

（4）检验假设4

我们从技术效率这个维度，将所有样本数据进行多元回归分析，然后再分行业进行分析，分析结果如表3—10 和3—11 所示。

从分析结果可以看出，CONB95 与 PT04 有显著的线性关系（p < .05），与 PT00（p < .1）有较显著的线性关系，而 CONA95 与

表 3—10　研发国际化对技术效率的影响(时间因素)

	PT00	PT04
Constant	40. 283 (55. 696)	62. 609 (58. 923)
SALES	.002 * * * (.002)	.003 * * * (.002)
CONB95	379. 250 * (80. 221)	356. 174 * * (84. 869)
CONA95	45. 603 + (76. 109)	35. 132 + (80. 519)
R square	.917	.946

注: * p < . 000
* * p < . 05
* p < . 1
+ p < . 15

PT04、PT00 均只有较弱的线性关系(p < . 15),这可以证明越早进行研发国际化的跨国公司,研发国际化活动对跨国公司的技术效率产生的作用越明显。

　　然后,再将样本公司按照行业进行划分,对此样本空间下的因变量、自变量进行回归分析,结果如表3—11 所示。

表 3—11　研发国际化对技术效率的影响(时间因素)——分行业

	汽车及零部件		IT 硬件		生物医药	
	PT00	PT04	PT00	PT04	PT00	PT04
Constant	19. 291 (122. 664)	205. 591 (65. 769)	29. 965 (60. 607)	49. 983 (60. 742)	16. 018 (44. 244)	17. 291 (27. 687)
SALES	.045 * * * (.002)	.003 * * * (.002)	.019 * * * (.006)	.028 * * * (.006)	.025 * * * (.004)	.025 * * * (.003)
CONB95	125. 872 + (25. 340)	166. 375 * * (35. 754)	409. 616 * (99. 731)	336. 097 (99. 953)	45. 391 * (78. 765)	107. 994 * * (49. 290)

续表

	汽车及零部件		IT 硬件		生物医药	
	PT00	PT04	PT00	PT04	PT00	PT04
CONB95	228.891 + (169.628)	166.218 * (90.950)	44.211 (87.571)	49.479 * * (87.767)	42.658 + (57.122)	3.774 (35.746)
R square	.889	.910	.780	.831	.782	.819

注：*** $p < .000$
　　** $p < .05$
　　* $p < .1$
　　+ $p < .15$

在汽车及零部件行业，CONB95 与 PT04 有显著的线性关系（$p < .05$），而 CONA95 与 PT04 有较显著的线性关系（$p < .1$）；CONB95、CONA95 分别与 PT00 只有较弱的线性关系（$p < .15$）。在 IT 硬件行业，CONB95 与 PT00 有较显著的线性关系（$p < .1$），CONA95 与 PT00 没有显著的线性关系；CONB95 与 PT04 没有显著的线性关系，但 CONA95 与 PT04 有显著的线性关系（$p < .05$）。在生物医药行业，CONB95 与 PT00 有较显著的线性关系（$p < .1$），CONA95 与 PT00 有较弱的线性关系（$p < .15$）；CONB95 与 PT04 有显著的线性关系（$p < .05$），CONA95 与 PT04 没有显著的线性关系。

假设 4 在汽车及零部件、生物医药行业得到检验，而在 IT 硬件行业，假设 4 被拒绝。

（5）检验假设 5

我们从技术效能这个维度，将所有样本数据进行多元回归分析，然后再分行业进行分析，分析结果如表 3—12 和表 3—13 所示。

表 3—12　研发国际化对技术效能的影响(时间因素)

	PTE00	PTE04
Constant	46.247 (74.908)	95.158 (87.571)
SALES	.040 (.003)	.041 (.003)
CONB95	346.853 (107.892)	448.753 (126.131)
CONA95	11.834 + (102.362)	− 5.597 + (119.666)
R square	.513	.531

注: *** p < .000
　　 ** p < .05
　　 * p < .1
　　 + p < .15

从分析结果可以看出,CONB95 与 PTE04、PTE00 均没有显著的线性关系,而 CONA95 与 PTE04、PTE00 均只有较弱的线性关系(p < .15),这与假设 4 是相悖的。

然后,将样本公司按照行业进行划分,对此样本空间下的因变量、自变量进行回归分析,结果如表 3—13 所示。

表 3—13　研发国际化对技术效能的影响(时间因素)——分行业

	汽车及零部件		IT 硬件		生物医药	
	PTE00	PTE04	PTE00	PTE04	PTE00	PTE04
Constant	39.357 (221.804)	19.291 (122.664)	142.511 (108.777)	56.945 (90.427)	39.107 (72.639)	24.287 (62.532)
SALES	.043 (.004)	.045 (.002)	− .001 (.004)	.032 (.009)	.094 (.007)	.041 (.006)
CONB95	231.320 (56.235)	210.286 + (24.356)	684.523 (154.609)	391.526 (148.801)	392.421 (129.315)	625.552 (111.322)

续表

	汽车及零部件		IT 硬件		生物医药	
	PTE00	PTE04	PTE00	PTE04	PTE00	PTE04
CONA95	212.069* (306.725)	228.891** (169.628)	39.335* (153.119)	55.449 (130.659)	63.867* (93.782)	44.234* (80.733)
R square	.299	.446	.052	.038	.312	.513

注：*** $p < .000$
　　** $p < .05$
　　* $p < .1$
　　+ $p < .15$

在汽车及零部件行业,CONB95 与 PTE04 有较弱的线性关系($p < .15$),而 CONA95 与 PTE04 有显著的线性关系($p < .05$);CONB95 与 PTE00 没有显著的线性关系,而 CONA95 与 PTE00 有较显著的线性关系($p < .1$)。在 IT 硬件行业,CONB95、CONA95 分别与 PTE04 没有显著的线性关系;CONB95 与 PTE00 没有显著的线性关系,但 CONA95 与 PTE00 有较显著的线性关系($p < .1$)。在生物医药行业,CONB95 与 PT00、PTE04 均没有显著的线性关系;而 CONA95 与 PTE00、PTE04 均有较显著的线性关系。

假设5 被拒绝。

四、讨论和结论

1. 实证研究结果的讨论

实证研究的结果证实了研发国际化从技术效率和技术效能两个维度提升了企业的技术竞争力。通过研发国际化,跨国公司可以提高研发效率,即有更多的专利产出。进行跨国研发的企业,其专利产出确实比没有进行跨国研发的企业要多。另外,跨国研发时间的长短也对研发的作用有影响。在 1995 年以前开展跨国研

发活动的跨国公司在 2000 年和 2004 年的技术产出效率都比 1995
年之后开展跨国研发活动的公司要高。也就是说,开展研发国际
化活动的时间越长,研发国际化活动产生的效果就越明显。在
1995 年以前开展海外研发活动的跨国公司在 1990 年和 1994 年
的研发效率会比没有开展海外研发或者 1995 年之后才开展海外
研发的公司效率更高。

　　研究结果同样也证明了进行海外研发活动会对技术效能产生
积极的影响。技术效能是通过单位研发产出分摊的研发费用来衡
量的,即进行海外研发,公司进行研发活动的效率会更高。这意味
着如果企业将研发活动在全球范围内分散进行而不是专注在母国
发展,那么同样的研发支出,进行海外研发会使研发活动产出更
多。文献回顾中曾阐述过研发国际化会涉及相关的成本,例如丧
失了研发的规模经济,研发的沟通和协调成本以及丧失与其他部
门的协同效应。但是,研究结果表明研发国际化的相关成本对企
业的技术竞争力并没有构成明显的负面影响。

　　关于研发时间的影响。

　　我们将所有的样本公司按照开始进行国际研发时间的不同分
成两组,这样可以检验研发经验是否对技术积累有影响。但结果却
十分有趣,对于汽车及零部件行业,假设得到了检验,在 1995 年之
后才开始进行海外研发的公司其技术效率和技术效能都明显低于
1995 年以前就开始海外研发的样本公司。这给假设提供了有力的
支持,即研发国际化对企业技术竞争力的影响取决于跨国公司通过
研发国际化从东道国吸取的技术经验和资源。但是,对于 IT 硬件
行业,2000 年的情况符合假设,但 2004 年的情况却恰恰相反。

　　对这个现象有一个合理的解释,即早期的研发经验可能对其
后期的研发活动形成一种障碍而不是一种帮助。早期的研发企业

通过进行海外研发在东道国积累了广博的研发和经营经验,但是,这些曾经帮助企业建立起技术竞争力的技术经验在环境发生变化的时候成为了企业技术竞争力提升的阻力。过去的经验,尤其是成功的经验,很可能成为企业失败的成因(Nonaka,1985)。企业可能会陷入"学习陷阱"或陷入"成功陷阱"(Levinthal and March,1993)。

企业的技术竞争力是通过企业经营不断积累而成的,即企业技术竞争力的形成过程是一个不断增长的积累的过程。在这个过程中,整个组织会服从于组织刚性(Hannan and Freeman,1984;Quinn,1980),并且企业一贯遵循的一些形成核心能力的成规可能会转变成一种刚性,这种刚性会体现在企业的技术、知识、创新机制、管理机制以及企业价值观中,使组织在面对环境变革的时候无法有效迅速地做出适时的反应(Leonard-Barton,1992)。为了更好地应对环境的变化,保证企业的生命力,企业要保持一种随时可以重新学习的能力。这就存在着一个悖论。即企业学习得越多,企业要应对环境变迁时的更新就越多。

研究表明跨国公司可能会在创造新技术和适应新市场上出现困难,因为它们过去积累的经验可能会阻碍其创新的效率(Anderson and Tushman,1990)。有些研究发现研发机构的产出可能会在成立后的几年后达到高峰,然后逐渐下降(Katz and Allen,1982;Pelz and Andrews,1976)。Katz and Allen(1982)将这种情形归咎于研发机构和研发产出的一种曲线状的关系。研发机构成立的时间越长,研发机构积累的经验就越多,从而在相关领域更加专业,这反而会使自己从企业的其他机构和外界信息中独立出来。因此,与企业研发活动的成功密切相关的信息可能会随着时间而流失,并最终导致研发的绩效降低。

另外,早期的研发公司可能过早地适应了东道国的环境。由于长时间在东道国进行投资活动,东道国的研发机构中已经形成了与东道国相符的文化,这种文化可能和母公司的文化大相径庭。一旦文化产生,就很难被变更(Barney, 1986; Leonard-Barton, 1992)。这种文化差异可能会阻碍母国技术中心和东道国研发分支机构的协调和沟通,这样可能直接导致母公司不能有效地利用从东道国吸取的技术资源和技术竞争力。就如 Brockhoff 和 Shmaul(1996)所述,研发机构过多的自主权会导致其较低的研发绩效。

基于上述分析,一旦后进行海外研发的公司积累了足够多的技术经验,并且拥有足够的时间在东道国建立起技术竞争力,那么后进行海外研发的公司可能比早进行海外研发的公司在提升企业技术竞争力方面会更有效率。在 2000 年,后进行海外研发的公司,即在 1995 年之后才进行海外研发的公司,还没有积累足够的经验来有效地进行海外研发活动,因此,早期进行海外研发的公司会拥有更强的技术竞争力。但是,在 2004 年,后期的进入者已经有了足够的时间来积累经验,只要研发机构有明确的使命和目标,他们就能够通过海外研发活动有效地提升其技术竞争力。与此同时,早期的进入者可能会被刚性束缚,正在环境变化的过程中寻求变革,因此,晚期的进入者反而会比早期的进入者有更高的研发效率和效能。

关于行业因素。

实证研究发现,进行海外研发对公司研发效能的影响最强的是汽车及零部件行业。这意味着,在这个行业里,公司要提升其技术竞争力,在海外进行研发活动要比在国内研发更有效,即如果该行业的研发活动需要更多地与客户和供应商等相关实体进行交流,那么运用东道国的技术资源进行研发会更有效率。在汽车及零部件行业里，公司强调与客户及供应商交流的重要性，以及是否进行海外研发、如何进行海外研发的重要性。而在 IT 硬件行业里，企业强调的是东道国是否存在可以被母公司吸取或母公司需要的技术资源。汽车及零部件行业的产品强调客户需求，有很强的定制性，因此要求研发部门和客户及供应商有效地沟通和合作，但 IT 硬件公司的产品具有通用性。对于汽车及零部件行业，新技术常常产生于客户的需求，而不是行业内部。因此，为了及时地获取新的技术资源和信息，该行业的公司更倾向于在东道国建立研发机构。对于此类公司，建立研发机构在地理上接近其目标客户更为有益。

2. 研究局限

本实证研究存在着一些局限。

第一，变量 CON 对于企业技术竞争力的解释力较弱。当该变量加入模型的时候，R square 的变动很小。这意味着其他的变量更有力地决定了企业的技术竞争力。在检验技术效率的时候，剩余的变量基本上由公司规模解释。加入了 CON 后，R square 会有些增大，但变化很小。在检验技术效能的时候，引入变量 CON 能使 R square 变化增大较多，但 R square 仍然不大。这意味着，其他因素更多地解释了样本公司研发效能的不同。

第二，在本研究中，企业的技术竞争力是通过专利数量来衡量的，但这个指标并不能衡量一项专利带给企业的经济利益和技术效益，也无法揭示专利中潜藏的技术本质。通过海外研发机构发展的技术可能对其引发的经济收益有潜藏的影响，而且对进一步的技术发展也有潜在影响，而这些都无法通过专利数量度量。

第三，与期望的结论相反，拥有更多的研发国际化经验并不一定意味着更高的技术绩效。当企业在东道国积累了一定数量的技术经验时,其他因素,例如企业的战略惯性或者组织刚性都可能影响企业在东道国开发技术资源的效率和效能。但是,这些影响因素如何影响企业技术竞争力并不明了。对于企业战略惯性或组织刚性如何影响企业技术竞争力,需要进行更深入的研究。

第四,样本公司仅仅局限于美国公司。如果将日本、欧洲等地区的跨国公司样本加入,研究结果可能更精确、更全面、更有代表性。

3. 结论

通过对特定行业的美国跨国公司的实证研究,证实了研发国际化战略对企业技术资源的积累和技术竞争力的提升有着深刻的影响。通过在母国外进行研发活动,跨国公司可以提升其研发活动的效率和效能。

另外,本章发现跨国公司海外研发活动的效率和效能受到跨国公司在东道国进行研发活动的时间长短的影响。一般认为,更多的技术经验意味着更强的技术竞争力,但研究结果表明,当企业在东道国吸取和积累了一定的技术经验时,其他因素例如战略惯性和组织刚性会对企业在东道国开发技术资源产生影响。分析表明,早期开展海外研发的公司可能被刚性束缚,很难调整自我以适应环境的变化;而晚期开展海外研发的公司通常有很明确的战略,相比早期进行海外研发活动的公司更为有效。但是,本研究尚未确定到底哪个因素对企业技术竞争力的影响作用更大。

研究结果还表明,行业因素也会影响海外研发的效应。在汽车及零部件行业,企业可以通过在地理位置上接近客户和供应商来更有效地获取和运用他们的技术资源。

第五节　中国企业研发国际化的战略选择

我国企业进行 R&D 全球化的实践至今已有十余年的历史。20世纪 90 年代初,上海的一些企业开始到发达国家设立研发型企业,成为中国海外技术获取型投资的先驱。以上海复华实业股份有限公司为例,1991 年 2 月,该公司与日本国际协力机构(JAIDO)合资成立上海中和软件有限公司,同时在东京成立研发公司——中和软件株式会社东京支社;1994 年 3 月,复华实业全额投资成立美国环球控制系统有限公司,致力于开发与生产 UPS 产品,并将先进技术转移到国内,以加速国内产品的更新换代。

20 世纪 90 年代中期以后,我国企业开展海外 R&D 主要集中在家电、IT 等行业。在家电行业,1998 年,格兰仕集团投资 1 亿元进行自主技术开发,并在美国建立研发机构。1999 年 3 月,格兰仕北美分公司成立,同时成立美国微波炉研究所。随后,格兰仕向市场推出了自主开发的上百种新型微波炉。格兰仕集团在技术开发领域的对外直接投资,使其微波炉产品在拥有无可比拟的规模经济优势的同时,具有世界领先水平的技术含量和一流品质。康佳集团 1998 年 3 月开始研究开发高清晰度数字电视,7 月在美国硅谷正式成立由康佳美国分公司控股的康盛实验室,只用短短 8个月时间就在其美国硅谷实验室里成功研制出第一台高清晰度数字电视,其性能与国际大公司的产品相比毫不逊色。2000 年,长虹与世界知名跨国公司组建九大联合实验室,其中包括长虹—微软联合实验室。海尔在 2002 年已经在世界各地建立了 6 个设计中心,与 19 个合作伙伴建立了技术联盟。

在 IT 行业,2002 年,首信集团在美国新泽西州投资组建的

Mobicom 公司,作为首信集团的海外研发机构,跟踪世界最新数字技术和移动通信终端技术。华为集团不仅与摩托罗拉、IBM、英特尔、ALTERA、SUN 等世界一流企业建立联合实验室,广泛开展技术与市场方面的合作,而且还通过对外直接投资在海外设立了美国硅谷研究所、美国达拉斯研究所、瑞典研究所、印度研究所和俄罗斯研究所等 5 个研究所。2001 年华为印度研究所成为中国第一个获得 CMM 四级国际认证的软件研究开发机构。联想集团在 2002 年已建成全球研发网络,这一网络以香港为轴心,横跨北京、深圳、美国硅谷。其中,美国硅谷是技术情报站,及时监控和反馈世界计算机市场的最新技术动态和商业动态;香港承担主板等新产品的开发和中试;深圳直接为香港中心服务,其主要职责是降低人员开支;北京研发中心承担质量评测、整机开发、汉字系统开发等功能。在这一国际化研发体系支撑下,联想在中国以至世界计算机行业确立了强者的地位。2001 年,华立集团收购了飞利浦公司 CDMA 手机的核心制造技术部门,成为国内完整掌握 IT 产业核心技术的企业。

在国内科技资源供给不足的情况下,推进 R&D 全球化是现阶段提升中国企业核心竞争力的一条有效途径。我国企业应以全球化的视野,加强对世界科技资源的研究和利用,以全面提升企业技术能力,推进企业生产经营和创新的全球化。我国企业可以根据不同的国际化发展阶段,选择以下几种研发国际化战略:

1. 针对国内市场的国际技术监测导向战略

适合采用这种战略的企业一般规模较小,实力不强,生产和营销全球化程度较低,只有少量产品销售到国外市场的企业。对这类企业来说,国外市场还不太重要,经营重心是国内市场。在我国加入 WTO 之后,这类企业在国内市场不仅面临着国内厂商的竞争,也面临着国外厂商的竞争。这类企业限于自身规模和实力的约束,无法通过大规模的技术创新活动提高其技术能力。这类企业可以通过花费少量的人力、物力和资金在国外建立技术监测站,了解国外技术动向,特别是和企业在国内市场竞争相关的国外企业所采用的技术和知识动向、产品工艺动向,并及时向国内的 R&D 中心反馈信息,由国内的 R&D 中心安排 R&D 项目应对国内市场的竞争。通过这种途径有利于提高企业应对市场竞争的反应速度,提升在国内市场的竞争力,有利于增强企业技术创新的潜力。

采用这一战略的企业应该高度重视针对市场的商业化产品发展、产品改进和工艺过程改造方面的技术信息,而不是过多地关注长远性的基础研究和中长期的应用研究。在这一战略指导下,企业的近期目标是在国外建立多个技术监测站,并在总部的安排下,尽可能地使这些技术监测站之间形成有效的沟通,提高技术监测和反馈信息的效率。中期目标是立足国内 R&D,尝试与国外企业或 R&D 机构进行技术创新项目的合作开发,进一步提高企业的技术创新能力,并寻找合适的时机开拓海外市场。

2. 针对国内和国际市场的技术监测和国际合作相结合的战略

这一战略适合于那些产品销售已经部分实现了国际化,准备或已经在国外初步建立了自己的生产工厂或子公司的企业。在这一战略模式下,企业的短期目标是在技术和市场两方面向国际化迈进,但战略重心仍是立足国内市场和国内的 R&D。对这类企业来说,虽然国内市场仍是最重要的市场,但基于企业中长期发展的需要,需要重视和开拓国外市场。

该类战略的做法是:企业通过项目的形式和国外的企业开展

合作开发,这种合作开发可以在国内也可以在海外进行,但主要应在海外。在合作开发的过程中,中国企业可以通过"干中学"的方式尽快提高自身的技术创新能力,同时努力为在国外的制造部门或工厂提供必要的产品、工艺、服务等方面的技术支持。通过和国外企业或者研究机构的项目合作提高自身的技术能力是实施该战略最重要的内容,当然,在国外设立技术监测站,保持对国外最新知识和技术的及时监测,密切关注海外市场消费者的需求,向总部 R&D 中心反馈知识、技术和市场发展趋势也依然是重要的。在该战略指导下,企业的一个重要目标是在国内 R&D 中心的支持下进一步扩大技术项目合作的范围,增强技术监测的效果,并试图在海外建立自己的 R&D 中心,提高企业 R&D 全球化的深度。

采用这一战略的企业,其国内的 R&D 总部居于研发体系的核心地位,无论是和外国企业、R&D 机构的项目合作,还是技术监测站的活动,都是在国内 R&D 中心的支持和控制之下进行的。对企业在海外的分支机构提供成熟的产品原型、工艺技术支持、服务技术支持也都在国内的 R&D 中心的安排下实施的。这个居于核心地位的 R&D 中心,对于采用这一战略途径进行 R&D 全球化的企业来说是非常重要和关键的。建立一个居于核心地位的 R&D 中心对企业全球 R&D 活动进行统一的指导和安排,有利于技术创新的信息在组织中有效地传播和扩散,有利于提高企业全球 R&D 的效率。

3. 以拓展海外市场为导向的海外 R&D 分支机构战略

这一战略包括如下要点:(1)增强企业潜在的 R&D 能力,拓展海外市场;(2)设立海外 R&D 分支机构和技术监测站,了解竞争对手,判断技术发展趋势;(3)通过海外 R&D 分支机构吸收国外的先进技术和科学知识,并积极招募国外的优秀 R&D 人员;

(4)通过和国外当地企业或研究机构进行 R&D 项目的合作,更有效地提高技术创新能力;(5)为当地的子公司提供必要的产品、工艺等方面的技术支持;(6)尽快地将新产品打入当地市场。

采用该战略的企业,国内的 R&D 中心依然处于重要的地位。企业通过国内 R&D 中心指导海外 R&D 分支机构的 R&D 活动,通过 R&D 中心和外国 R&D 机构建立合作关系;在海外建立的技术监测站不断地向国内 R&D 中心反馈知识、技术和当地消费者的需求信息,同时,部分海外销售网络也向国内 R&D 中心反馈信息。企业重视采用直接投资的形式,在海外建立 R&D 分支机构,重视通过海外并购获取国外中小企业的技术能力。

该类战略的中长期目标是在海外,特别是在海外知识中心、技术中心、卓越中心采取直接投资和并购方式建立更多的 R&D 分支机构,并采取适当的整合方式将海外的 R&D 分支机构整合成一个有效的网络,不断弱化国内 R&D 中心的主导地位,使海外的 R&D 机构具有更强的自主性和独立性。

采用该战略的企业不仅重视产品发展、产品改进和工艺过程改造方面的技术创新能力,同时非常重视应用基础研究,并对基础科学研究给予一定的关注。

4. 以获取海外技术为核心的全球 R&D 网络战略

适合采用该类战略的企业是规模和实力强大的跨国公司。目前我国只有少数规模和实力较强的企业具备实施这一战略的潜力。采用这一战略的企业,其目标指向市场全球化和 R&D 的全球化,对于 R&D、市场、生产、销售等活动,国内和国外并重。R&D 的方式是通过直接投资在国外建立 R&D 分支机构,雇用国外的 R&D 人员,在国外开展 R&D 活动;重视通过资本市场兼并收购国外企业,不断地将国外企业的 R&D 能力、重要的 R&D 创新资源整合到公司中;同时,企业多方面地和国外企业、R&D 机构、大学等开展合作研究,弥补企业技术创新能力的不足。海外的 R&D 分支机构通过技术监测站广泛地获取海外技术和知识的最新动态。

在这一战略模式下,不存在一个核心的国内 R&D 中心,所有的 R&D 机构通过网络整合成一个相对统一和协调的网络组织结构,其目的是促进组织中的知识和技术的共享。各个 R&D 分支机构具有相对的独立性,具有明确的职责和资源配置的权力。企业的 R&D 创新活动既支持短期的工艺制造技术,也支持中期和长期导向的应用研究和基础研究。

第六节　中国企业研发国际化案例:海尔集团

创立于 1984 年,崛起于中国改革开放大潮中的海尔集团,在短短 20 年的时间里,从当初亏损一百多万元的集体小厂,发展成为 2005 年销售额突破一千亿元的跨国企业。海尔集团技术创新的核心原则之一就是技术获取的国际化。海尔在国际化进程取得成功的同时,也开创了中国企业海外 R&D 发展的新模式。

一、技术引进与消化吸收:拉开中国冰箱技术革新的序幕

海尔集团的前身是青岛电冰箱总厂。1984 年,青岛电冰箱总厂还是一个资不抵债、濒临倒闭的集体小厂。新任厂长张瑞敏面临的基本问题是如何通过技术革新提高产品质量,为企业谋求一条生路。通过对 32 个国外厂家进行比较,海尔决定引进德国利勃海尔公司的电冰箱生产线,并签订了技术引进合同,由此拉开了海尔集团 R&D 的序幕。

海尔这一阶段的 R&D 主要是从消化吸收德国利勃海尔电冰

箱生产技术开始的。海尔为此设立了以消化吸收为主要任务的技术科,并先后派出 40 多名技术与管理骨干到德国参加培训,进行现场学习,保证了生产线安装和电冰箱生产的国际水平,同时使企业初步掌握了电冰箱开发的关键技术,培养了一批技术开发人员,积累了宝贵的技术管理经验。1987 年,鉴于市场需求的多样化和企业技术人员素质的提高,海尔决定把技术科改为独立核算的电冰箱研究所,这一调整使产品开发速度大为提高。海尔这一阶段的 R&D 进程如图 3—2 所示。

图 3—2　海尔第一阶段 R&D 进程

　　高起点的技术引进、有效的技术消化和吸收,使海尔闯出了一条以质量和创新为基础的发展之路。1985 年,海尔推出亚洲第一代四星级冰箱"琴岛·利勃海尔"电冰箱;1988 年,海尔摘取中国电冰箱行业首枚质量金牌,并入围全国 500 家最大工业企业。

二、自主研发:打造家电行业民族品牌

　　提高企业竞争力的关键在于培育自主的 R&D 能力,海尔以充足的资金投入和灵活的人才机制为保障,通过加强技术中心建设和产学研合作等方式,不断提升自主 R&D 能力。

　　1. 强化技术中心的 R&D 能力

　　经过 20 世纪 80 年代到 90 年代中期的超高速发展之后,国内家电市场渐趋饱和,家电行业的利润开始大幅度下滑,利润率降到

了 3%—5%,有的产品甚至无利可图。竞争的压力使家电行业的集中度不断提高,名牌企业的生产规模和市场份额不断扩大。

　　为了增加技术储备,增强企业的市场竞争力,海尔在 1992 年斥资 1.6 亿元组建了海尔集团技术中心。海尔集团技术中心以青岛制冷技术研究所为基础,通过充实力量,形成了三元开发体系:即处于第一级的综合研究中心、处于第二级的四个基础技术应用研究中心和处于第三级的产品开发中心。其中,综合研究中心负责中长期的核心技术及基础技术研究;四个基础技术应用研究中心负责开发中短期的新产品及其重要的关键技术,主要注重技术的应用;产品开发中心负责开发短期性的新产品和改善现有产品、降低成本等技术工作。这一阶段的研发体系如图 3—3 所示。

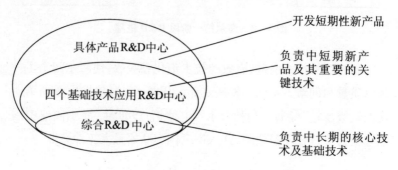

图 3—3　海尔第二阶段的三元 R&D 体系

　　海尔技术中心共有青岛制冷技术研究所、青岛海高设计制造有限公司、生产手段开发中心和塑料模具研究所四个独立的 R&D 机构,在产品、工艺和工序设计方面为海尔产品研发提供技术后盾。青岛制冷技术研究所拥有世界一流的家电 CAD 中心、国际领先水平的集计算机、激光、化学、机械技术于一身的大型激光成套系统和具有国际领先水平的 CAID 系统。青岛海高设计制造有限公司是海尔集团同日本著名的大型综合设计集团 GK 设计集团合资成立的专业设计公司,主要从事产品设计、商品企划和设计情报等工作。生产手段 R&D 中心是国内规模最大的家电类工艺装备、模具、塑胶和钣金产品的 R&D 与生产的中试基地,拥有世界先进水平的 CAD/CAM 系统、CNC 综合加工中心。塑料模具研究所拥有 CAD/CAM 工作站以及 Cimatron.90 软件及线切割成型机,主要从事塑胶模具的 R&D。海尔技术中心所属研究机构如表3—14 所示。

表3—14　　海尔技术中心所属研究机构

名　　称	R&D 领域
青岛制冷技术研究所	CAD 设计、大型激光成套系统
青岛海高设计制造有限公司	产品设计、商品企划、设计情报
生产手段 R&D 中心	家电类工艺装备、模具、塑胶、钣金产品的 R&D
塑料模具研究所	塑料模具的 R&D

随着中国市场的进一步开放,特别是中国加入 WTO 后,国外公司蜂拥进入国内市场。海尔意识到,为了适应未来的竞争,必须实施国际化战略。20 世纪 90 年代后期,海尔提出了"三个三分之一"的国际化战略,即国内生产国内销售 1/3,国内生产国外销售 1/3,国外生产国外销售 1/3。

1998 年,海尔投资 5 亿美元建成具有国际先进水平的技术开发基地——海尔中央研究院,它由 11 个技术研究所和 10 个超前技术实验室组成。11 个技术研究所是数字技术、电子技术、新材料技术、生化技术、环保技术、节能技术、通讯技术、软件、降噪技术、产品健康技术和技术战略研究所;10 个超前技术实验室是美洲安全测试中心、用户模拟实验室、人工气候室、电子兼容测试中心、通信技术实验室、环境参数检测实验室、IEC 和 CUL 安全测试中心、数字技术实验室、声学实验室和全球气候模拟中心。目前，数字研究所具备了开发 DVD、HDTV、STB 等产品的能力；通讯研究所具备开发 GSM 手机、PECT 无绳电话和 PCS 等产品的能力；降噪研究所建有国际最标准的消音室及成套的消音开发系统。

海尔中央研究院成立后，海尔新产品开发速度大为加快，平均6—7 天开发一个新产品，4—5 天出一项专利成果，其中无霜换代MSV 冰箱、BCD—212 冰箱获国家科技进步二等奖，超级节能无氟电冰箱 BCD—212B 达到国际先进水平。2000 年，在全国 294 家国家级企业技术中心评价中，海尔中央研究院名列第一。

2. 建立产学研合作网络

1998 年 1 月，海尔集团在中国科技产业化道路上首次推出以资本为纽带的科研院所与企业的合作方式——控股经营国家级科研机构——工程塑料国家工程研究中心，极大地加强了海尔在工程塑料方面的技术能力。

1998 年 4 月，海尔集团再次对国家级科研机构实行控股经营，以控股方式与国家广电总局广播科学研究院合资成立海尔广科数字技术有限公司。1998 年 6 月，海尔集团又与北京航空航天大学、美国 C-MOLD 公司合资组建北航海尔软件有限公司，海尔成为中国家电行业第一个进军软件产业的企业。

此外，海尔还与全国 25 所高等院校的 120 位教授建立了联合性开发网络，并先后与复旦大学、上海交通大学、浙江大学建立了5 个博士后工作站，在化学及材料、数字技术、软件技术、生物工程、海外本土设计等方面开展博士后课题研究。

3. 确保 R&D 资金投入

为了给研发工作提供充足的资金支持，海尔确立了 R&D 投入的优先原则和 R&D 投入的有效运行原则。R&D 投入的优先原则明确规定,海尔每年用于 R&D 的经费必须不低于销售收入的4%,不提足或不用足都要受罚。1997 年,海尔的 R&D 投入为4.32 亿元,占销售收入的 4.1%;1998 年,海尔的 R&D 投入为7.38 亿元,占销售收入的 4.6%;2003 年,海尔的 R&D 投入占到销售收入的6%。

　　R&D 投入运行有效性原则规定,海尔集团定期召开研发工作例会,对 R&D 资金投入的有效性进行评价。在海尔每月 1 日的"技术创新工作例会"上,集团总裁担任主任,决策、开发、生产和营销各部门负责人和专家组成的技术创新工作委员会专门针对投入的 R&D 资金使用情况进行检查和监督,对资金投入效果进行评价,及时协调解决工作中出现的问题。由技术中心组织的技术创新工作秘书组,及时深入现场,参加现场例会,监督检查各项工作的实施情况,及时进行成果的评价和总结,保证重点 R&D 项目的顺利实行。

三、R&D 全球化:登上世界舞台

　　海尔 R&D 的目标是整合全球资源,建立世界先进水平的R&D 机构,不断创造和满足全球用户的需求,为海尔集团在中国及全球的发展提供技术支持。

　　为了保持全球技术领先优势和跟踪国际先进技术,海尔在海外具有技术能力的地区建立了技术监测站,进行信息的收集和反馈活动。目前,海尔在香港、东京、里昂、洛杉矶、纽约、阿姆斯特丹、首尔、蒙特利尔、悉尼、台北等 10 个地区设有信息站。信息站工作人员都是由当地人或者海外留学生构成,提供的信息包括报告、简单文字加图片等形式,信息站发回的信息平均每天高达 80

万兆字节。海尔信息部通过"紧跟国际先进技术的产品分析、评审"机制将这些信息加以甄别、筛选和分类,把各种有用的信息分门别类地呈送给决策机构和综合 R&D 中心。海尔全球信息中心的分布情况如表 3—15 所示。

表 3—15　海尔全球信息中心分布表

所 在 城 市	所 在 国 家
首尔	韩国
东京	日本
里昂	法国
洛杉矶	美国
蒙特利尔	加拿大
阿姆斯特丹	荷兰
纽约	美国
悉尼	澳大利亚
台北	中国——
香港	中国

　　为了整合全球科技人才资源,海尔在科技开发中非常重视国内外高级科技人才的运用。目前,有几十位外国专家常年与海尔中央研究院的 R&D 人员一起工作,国外有几百名高级 R&D 技术人员为海尔开展 R&D 项目,他们组成了海尔的全球人才网络。

　　海尔还同国际知名企业、科研机构、大学进行全面合作,成立了 48 个联合研究中心,合作方包括东芝、飞利浦、迈兹、朗讯、NETSCREEN 等。例如 1997 年,为适应进军全球彩电行业的需要,海尔先后与荷兰飞利浦公司建立技术联盟,与德国迈兹公司联合成立"德国海尔数字技术研究中心",共同进行数字技术的开发,海尔与国际知名企业建立的 R&D 技术联盟如表 3—16 所示。

表 3—16 海尔与国际知名企业的 R&D 技术联盟

合作方名称	合作方所在国
飞利浦	荷兰
迈兹	德国
朗迅	美国
C – MOLD	美国
NETSCREEN	美国
东芝	日本

为了增强海外 R&D 机构的技术创新能力,海尔将中央研究院附属研究所的部分 R&D 职能向海外扩散,允许各个地区的 R&D 机构建立各自的技术创新能力,但其核心部分(如制冷技术、变频技术的 R&D)仍保留在母国。

海尔分别在美国洛杉矶、美国硅谷、法国里昂、荷兰阿姆斯特丹、加拿大蒙特利尔、日本东京建立了 6 个全球产品设计分部。海外设计分部的主要职责是帮助海尔中央研究院专门开发适合当地人消费的家电产品。这些全球设计网络为海尔产品进入全球市场进行个性化设计,极大地提升了海尔产品在工业设计方面的整体优势。海尔全球设计网络如表 3—17 所示。

表 3—17 海尔全球设计网络分布表

所 在 城 市	所 在 国 家
洛杉矶	美国
硅谷	美国
里昂	法国
阿姆斯特丹	荷兰
东京	日本
蒙特利尔	加拿大

R&D 的全球化大大提高了海尔的技术水平,推动了海尔参与全球竞争的进程。海尔通过了世界最严格的 6 种质量标准的检

测;海尔实验室也达到了世界先进水平,它可以模仿全球最恶劣的环境条件对产品进行监测,并获得了全球最主要的 6 家认证机构的等效许可。

通过整合全球科技资源,海尔产品的科技含量不断提高,与世界各地市场需求的吻合性不断增强。海尔已由原来的技术引进转变为技术输出,先后向马来西亚输出洗衣机技术,向西班牙、南斯拉夫输出变频空调技术,向印度尼西亚、菲律宾、土耳其输出 CFC 替代技术并在其境内建厂。

海尔集团的全球研发体系及其运作模式如图 3—4 所示。

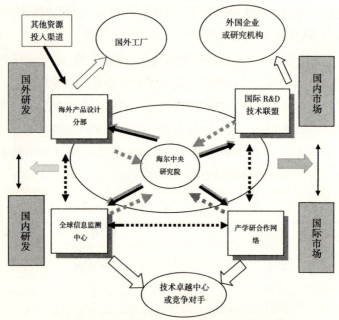

图3—4　海尔集团的全球研发体系及其运作模式

第七节　中国企业跨国技术获取的影响因素：
　　　　基于结构方程模型的实证分析

近年来,中国企业的对外直接投资呈现出新的特点,即知识获取型 FDI 的兴起。所谓知识获取型 FDI,即是我国企业通过对外直接投资的方式在发达国家兼并高科技企业、跨国公司的研发部门,或者在海外以独资、合资形式设立技术开发公司、研发机构以及建立跨国战略联盟等,从而获得先进技术、组织能力等关键性知识,有效地提高国际竞争能力。

下面将采用实证分析的方法,运用国内学者在 2002 年对中国大、中型企业所做的技术创新国际化与跨国技术获取方面的调研数据,运用结构方程模型,探索中国企业跨国技术获取的影响因素。

一、结构方程模型方法的优点与研究步骤

（一）结构方程模型方法的优点

结构方程模型广泛运用于心理学、社会学、经济学、行为科学等研究领域。它是计量经济学、计量社会学与计量心理学等领域统计分析方法的综合。结构方程模型在 20 世纪 60 年代就被一些学者运用到研究之中,到了 90 年代,已经在西方国家得到了广泛的应用。

本书之所以选择结构方程模型来分析中国企业跨国技术获取的影响因素,是因为它拥有其他一些统计方法所不具备的优越性：

1. 它可以同时处理多个因变量

结构方程模型可以同时考虑并处理多个因变量。在回归分析

或路径分析中,只能对每个因变量逐一计算,即使在统计结果的图表中能够展示多个因变量,但在计算对某一因变量的影响或关系时,都忽略了其他因变量的存在及其影响。

2. 它容许自变量和因变量含有测量误差

态度、行为等变量,往往含有误差,也不能简单地用单一指标测量。结构方程模型容许自变量和因变量均含测量误差,变量也可用多个指标测量。用传统方法计算的潜变量(如用指标的均值作为潜变量的观察值)间相关系数(或回归系数),与用结构方程模型分析计算的潜变量(通过测量方程排除了误差部分)间相关系数(或回归系数)可能相差很大,这种差距的大小取决于潜变量与其指标间关系(因子载荷)的强弱。

3. 它可以同时估计因子结构和因子关系

假设要计量潜变量之间的相关系数,每个潜变量都用多个指标测量,常用的方法是对每个潜变量先用因子分析计算潜变量(因子)与指标的关系(即因子载荷),进而得到因子得分,作为潜变量的观测值,然后再计算因子得分的相关系数。这是两个独立步骤,用指标计算潜变量的因子得分时,并不考虑外向因子;反过来也是一样的。在结构方程模型分析中,这两步同时进行,即同时考虑因子与指标之间的关系和因子与因子之间的关系。

4. 它容许更大弹性的测量模型

传统上,研究人员只容许每一个指标从属于单一因子,但是结构方程分析容许更加复杂化的模型。传统因子分析难以处理一个指标从属多个因子或需要考虑高阶因子等比较复杂从属关系的模型。

5. 它可以估计整个模型的拟合程度

在传统路径分析中,研究人员只能估计每一条路径的强弱。在结构方程模型分析中,除了上述参数的估计外,研究人员还可以计算不同模型对同一个样本数据的整体拟合程度,从而判断哪一个模型更加接近数据所呈现的关系。

总之,结构方程模型最为显著的两个特点是:可以评价多维的和相互关联的关系;能够发现这些关系中没有觉察到的概念关系,而且可以在评价的过程中解释测量误差。

(二)研究步骤

应用结构方程模型进行统计分析主要有以下步骤:

1. 模型设定:即在模型估计之前,研究人员先要根据理论或前人的研究来设定初始的理论模型。

2. 模型识别:决定所研究的模型是否能够求出参数估计的唯一解。在有些情况下,由于模型设定错误,其参数不能被识别,求不出唯一的估计值,因而模型无解。

3. 模型估计:模型参数可以采用几种不同的方法来估计。最常用的模型估计方法是最大似然法和广义最小二乘法。

4. 模型评价:在取得了参数估计值以后,需要对模型与数据之间是否拟合进行评价,并且与替代模型的拟合指标进行比较。

5. 模型修正:如果模型不能很好地拟合数据,就需要对模型进行修正和再次设定。研究人员需要决定如何删除、增加或修改模型的参数。通过参数的再设定可以增加模型的拟合程度。

以上五个步骤构成了应用结构方程模型来研究一个理论模型的基础工作。从上述分析中可以看出,结构方程模型比较适合于本书的研究。首先,结构方程模型不仅能够反映模型中要素和指标之间的单向关系,而且可以反映要素之间的相互影响;这一特点与本书要将外部因素和企业内部战略定位与动机结合起来进行研究的思路非常吻合。其次,本书需要使用难以直接测度的宏观环境、企业战略定位与动机等假设概念作为模型的要素,在现有的统计技术中,只有结构方程模型技术能够充分地体现其蕴涵的要素信息和影响作用。

(三)结构方程模型中图标约定

1. 圆或椭圆表示潜变量(因子);

2. 正方形或矩形表示观测变量或指标;

3. 单向箭头表示单向影响或效应;

4. 双向弧形箭头表示相关。

二、变量设定

(一)因变量及其指标选择

因变量:中国企业跨国技术获取的形式。

这个因变量主要是为了说明与计量中国企业跨国技术获取所处的阶段。

根据中国企业的国际化尚处于早期阶段这一特点,本书采用以下两个指标来测度中国企业跨国技术获取所处的阶段:

(1)与国外企业、机构开展国际合作,较少进行知识获取型 FDI;

(2)开始实施知识获取型 FDI。

(二)自变量及其指标选择

自变量 1:中国企业跨国技术获取的战略定位与动机

这个自变量主要是为了说明与计量中国企业获取外部技术的战略意图。

本书采用以下三个指标来测度中国企业获取外部技术时的战

略意图和动机：

（1）提升与扩展中国企业潜在的技术能力；

（2）设立技术监测站，掌握行业技术发展趋势；

（3）从技术转移中学习。

自变量2：吸引性因素

这个自变量主要是为了描述与计量吸引中国企业实行跨国技术获取的因素。

本书采用以下三个指标来测度中国企业实行跨国技术获取的吸引性因素：

（1）招募国外优秀的研发人才；

（2）接近国外的研发环境，分享技术成果的溢出；

（3）为海外的子公司提供必要的产品、工艺等方面的技术支持。

自变量3：抑制性因素

这个自变量主要是为了描述与计量抑制中国企业实行跨国技术获取的因素。

本书采用以下三个指标来测度中国企业实行跨国技术获取的抑制性因素：

（1）出于对研发的规模经济的考虑；

（2）出于对公司核心技术泄密风险的考虑；

（3）技术研发国际化成本高昂。

自变量4：东道国宏观环境因素

这个自变量主要是为了描述与计量东道国的相关法律、人文环境对中国企业实行跨国技术获取的影响。

本书采用以下两个指标来测度中国企业实行跨国技术获取的环境因素：

（1）东道国知识产权政策，即东道国在知识产权保护、利用等方面的规定；

（2）东道国的投资优惠政策，即东道国对外资的优惠及其吸引性规定。

三、概念模型及其假设

（一）概念模型

概念模型为：外部因素和企业战略定位与动机对跨国技术获取形式的影响。

图 3—5 显示了本书提出的概念模型。这个模型构建了中国企业跨国经营中宏观环境、外部吸引性因素、外部抑制性因素与企业技术战略定位与动机的匹配关系，以及上述因素与中国企业技术获取形式的内在关系。

（二）假设

模型关键构成要素的关系假设：

东道国宏观环境因素与吸引性因素、抑制性因素及其企业战略定位与动机存在以下关系：

假设 1：东道国宏观环境与吸引性因素之间存在正相关；

假设 2：东道国宏观环境与抑制性因素之间存在负相关；

假设 3：东道国宏观环境与中国企业技术获取战略定位与动机之间存在正相关。

抑制性因素，吸引性因素与中国企业跨国技术获取战略定位与动机存在以下关系：

假设 4：抑制性因素与中国企业跨国技术获取战略定位与动机存在负相关；

假设 5：吸引性因素与中国企业跨国技术获取战略定位与动

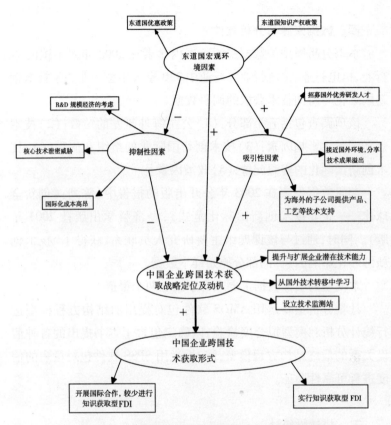

图3—5 外部因素和企业战略定位与动机对跨国 技术获取形式的影响模型

机存在正相关。

中国企业跨国技术获取战略定位与动机与其跨国技术获取形式存在以下关系：

假设6：中国企业跨国技术获取战略定位与动机与其跨国技术获取形式存在正相关。

四、数据来源与分析软件

本书分析所用的数据来源于国内学者在 2002 年对中国的 IT 行业、机电行业、家电行业等行业中 230 家大中型企业关于技术创新国际化与跨国技术获取的调研数据。

该项调查包括五个部分:(1)公司海外研发的绩效;(2)技术创新国际化影响因素;(3)技术创新国际化的组织和流程;(4)技术创新国际化的资源配置;(5)政策因素。

调研数据发表在 2003 年公开出版的报告中(陈劲:《创新全球化——企业技术创新国际化范式》,经济科学出版社 2003 年版)。同时,通过与该课题组主要研究人员联系,获得了"技术创新国际化影响因素"的部分原始样本数据。

本模型的实证数据主要来自于以上两个渠道。

计量分析主要运用 AMOS 软件包对提出的结构方程模型进行统计分析和模型拟合度检验,以确定包含了本书提出的各种假设关系的最终结构方程模型;同时,运用 SPSS 软件包对量表的信度进行可靠性验证。

五、描述性统计

1. 被调查企业的基本情况

被调查企业的总资产及其销售额分布情况如表 3—18 所示。

表3—18　　被调查企业的规模及其销售额分布

资金数值区间(亿元)	0.3—0.5	0.5—1	1—5	5—10	10—50	50—100	>100
按总资产,各区间企业百分比(%)	12.5	0	12.5	12.5	20.8	25	16.7
按销售额,各区间企业百分比(%)	0	4.2	11.2	14.6	16	21	33

2. 被调查企业跨国技术获取的时间分布

如图3—6所示。最早在海外进行知识获取型 FDI,建立研发分支机构的时间是1985—1989 年,这类企业占调查总数的10%;更多的海外研发机构是在1995—1999 年之间建立的,这类企业占60%;还有30% 的企业建立海外研发机构是在 2000 年以后。这表明中国企业跨国技术获取还处于起步阶段。

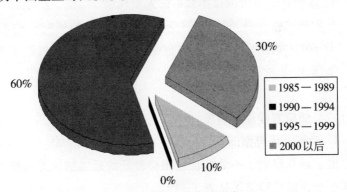

图3—6　中国企业跨国技术获取的时间分布

3. 被调查企业跨国技术获取的地区分布

　　根据调查数据,中国企业绝大部分海外的研发机构和各种跨国技术获取的活动集中于科技发达的欧美日大三角地区,仅有少部分分布于发展中国家。如图3—7 所示。

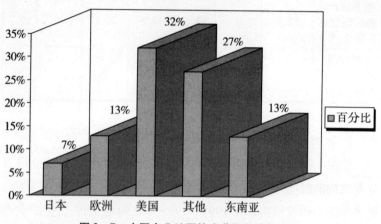

图3—7　中国企业跨国技术获取的地区分布

　　4. 被调查企业跨国技术获取的人员规模

　　从调查的情况看,58.3%的企业在海外建立的研发机构人员都在1—20 人之间;只有21%的企业的海外研发人员超过了100人。如图3—8 所示。

六、结构方程模型测度

1. 结构方程模型的拟合检验

　　经过运算得到了一个拟合度相对较好的最终结构方程模型。各项拟合指标检验结果见表3—19。

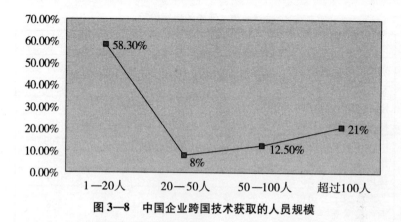

图 3—8　中国企业跨国技术获取的人员规模

表 3—19　最终结构方程模型拟合度检验

模　型　拟　合　　　　检验指标	模型估计	解释及其说明
P	0.254	好,值大于 0.05,接受零假设,即模型和数据拟合
GFI(Goodness-of-fit index)	0.83	较好,比较接近 1
CFI(Comparative fit index)	0.96	很好,很接近 1
RMSEA(Root Mean Square Error of Approximation)	0.05	较好,小于 0.06
模型比较		
Tucker-Lewis index(TLI)	0.95	较好,不小于 0.95

2. 量表的信度检验

为了确保量表测试值的可靠性和有效性,进一步对量表的信度进行检验。见表 3—20。

表 3—20　量表的信度检验

变量名称	R^2 值	标准差
东道国优惠政策	.1425	.4954
东道国知识产权政策	.4979	.6876
R&D 规模经济的考虑	.3542	.5486
核心技术泄密威胁	.5798	.8605
国际化成本高昂	.4075	1.4709
招募国外优秀人才	.4012	.6742
接近国外环境分享技术溢出	.6764	.7014
为海外的子公司提供必要的产品、工艺等方面的技术支持	.5473	.7508
提升与扩展公司技术能力	.3476	.5025
技术监测点,判断行业趋势	.7257	.6927
从国外的技术转移中学习	.7581	.7121
开展国际合作,较少进行知识获取 FDI	.2935	1.0000
实行知识获取 FDI	.8126	1.0787
可靠性系数	标准化后量表 alpha = .6551	

表 3—20 中,R^2 值是表示以该指标为因变量,其余指标为自变量,进行多元回归后所得的决定系数,此系数越高,表示各个指标对其解释力越大,各个指标内部的一致性越高。

"东道国优惠政策"和"开展国际合作,较少进行知识获取FDI"的 R^2 值较小(0.14 和 0.29),这表明可能存在总量表以外的其他因素会对这两个变量产生影响。例如,东道国的制度结构、政府政策的稳定性等因素可能对"东道国优惠政策"产生影响;贸易壁垒、国家间的协议也可能对"开展国际合作,较少进行知识获取FDI"产生影响。

从表中看,总量表的信度系数是 0.66,即测试所得分数的66%的变异是来自真分数的变异,其他 34%的变异来自于随机误差,该量表的信度尚可接受。

　3. 最终的结构方程模型

　见图3—9。其中各条路径上注明的值是标准化后的回归系数,e1 和 e2 代表残差。

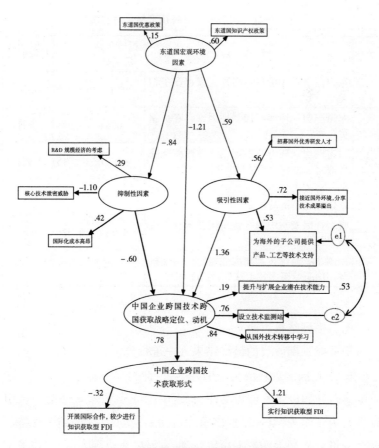

图3—9　通过检验的最终结构方程式模型

4. 参数估计的假设检验

如表3—21所示,预先假设的要素之间的六条路径关系,通过了显著性检验。其中,第三条路径用结构方程模型得到的系数与原预期不符。

表3—21　原假设与最终模型结果对照表

序号	原　假　设	标准化路径系数	P	与原假设
1	东道国宏观环境与吸引性因素存在正相关	0.59	0.035	相符
2	东道国宏观环境与抑制性因素存在负相关	−0.84	0.041	相符
3	东道国宏观环境与中国企业技术跨国获取战略定位与动机之间正相关	−1.21	0.045	不相符
4	抑制性因素与中国企业跨国技术获取战略定位与动机负相关	−0.6	0.049	相符
5	吸引性因素与中国企业跨国技术获取战略定位与动机正相关	1.36	0.026	相符
6	中国企业跨国技术获取战略定位与动机与中国企业跨国技术获取形式正相关	0.78	0.022	相符

七、模型结果讨论

下面对预期假设的最终结果逐一进行分析。

1. 东道国宏观环境与吸引性因素、抑制性因素

本章在假设1和假设2中分别预期,东道国宏观环境与吸引性因素为正相关,与抑制性因素为负相关,模型计算的结果支持这两个假设。从显示的数据可以看到,良好的东道国人文、法律等宏观环境有助于抵消抑制性因素的不利影响(标准化 beta 值为 $−0.84$, $p = 0.041 < 0.05$),而有助于增强吸引性因素的有利影响

（标准化 beta 值为 0.59,p = 0.035 < 0.05），并且,抵消作用稍稍大于增强作用。

2. 东道国宏观环境与中国企业跨国技术获取战略定位与动机

本章在假设 3 中预期,东道国宏观环境与中国企业技术获取的战略定位与动机为正相关。模型计算的结果不支持这一假设。从显示的数据上看,东道国宏观环境与中国企业跨国技术获取战略定位与动机之间的标准化 beta 值为 - 1.21(p = 0.045 < 0.05)。

之所以出现这种情况,应该和中国企业技术国际化的活动类型有关。如前所述,中国企业的技术国际化主要是进行技术搜索和技术学习,在这一过程中,模仿与改进的比重会比较大,这就回避不了知识产权保护的问题。东道国严格的知识产权政策营造了良好的宏观环境,但对于以模仿技术为重要技术获取方式的中国企业来说,这可能反而是一个不利的方面。联想收购 IBM 的 PC业务被美国国会和商务部横加干涉的事实也佐证了这一点。

另外,从影响东道国宏观环境的指标上看,指标"东道国的知识产权政策"的载荷（标准化 beta 为 0.6,p = 0.033 < 0.05）远远超过了指标"东道国的优惠政策"的载荷（标准化 beta 为 0.15,p = 0.000 < 0.05），这也说明中国企业在进行跨国技术获取时更加关注于东道国的知识产权政策。

3. 抑制性因素与中国企业跨国技术获取战略定位与动机

本章在假设 4 中预期,抑制性因素与中国企业跨国技术获取的战略定位与动机之间为负相关。模型计算的结果支持这一假设。从显示的数据上看,其标准化 beta 值为 - 0.6(p = 0.049 < 0.05)。

从影响抑制性因素的指标上看,指标"国际化成本高昂"的正载荷最大（标准化 beta 值为 0.42,p = 0.042 < 0.05），这说明,对中

国企业来说,进行跨国技术获取最大的制约因素就是国际化的成本高。

指标"核心技术泄密的威胁"的载荷为负(标准化 beta 值为 -1.1,p=0.047<0.05),这也体现了中国企业在跨国技术获取方面与发达国家跨国公司的不同。由于中国企业更多的是向对方学习和模仿,吸收技术溢出,因此,"核心技术泄密的威胁"并不会成为中国企业跨国技术获取的担心因素。

4. 吸引性因素与中国企业跨国技术获取战略定位与动机

本章在假设 5 中预期,吸引性因素与中国企业跨国技术获取战略定位与动机为负相关。模型的计算结果支持这一假设。从显示的数据上看,其标准化 beta 值为 1.36(p=0.026<0.05)。

从影响吸引性因素的指标上看,指标"接近国外技术环境,分享技术成果溢出"的载荷最大(标准化 beta 值为 0.72,p=0.000<0.05),这表明吸引中国企业进行跨国技术获取的主要因素是可以靠近国外的先进技术环境,分享其技术成果的溢出。

根据模型计算,指标"为海外子公司提供产品、工艺等技术支持"的残差 e1 和指标"设立技术检测站,掌握行业技术发展趋势"的残差 e2 存在交互作用(相关系数为 0.53,p=0.004<0.05),这说明对于那些领先的中国企业来说,它们能够针对海外市场进行技术转移和市场支持的高级活动,此时,这些企业的海外机构往往同时具有技术监测站和市场支持中心的双重功能。

5. 中国企业跨国技术获取战略定位与动机与中国企业跨国技术获取形式

本章假设 6 中预期,中国企业跨国技术获取战略定位与动机与中国企业跨国技术获取形式正相关。模型的计算结果支持这一假设。从显示的数据上看,其标准化 beta 值为 0.78(p=0.023<

0.05）。

从影响中国企业跨国技术获取战略定位与动机的指标上看，指标"从国外技术转移中学习"和"设立技术监测站，掌握行业技术趋势"的载荷最高（其标准化 beta 值分别为 0.84 和 0.76，p = 0.023 < 0.05）。而指标"提升与扩展企业的技术能力"的载荷最小（标准化 beta 值为 0.19，p = 0.000 < 0.05）。这表明，中国企业的战略定位更多地在于吸收国外的先进技术和科学知识，而利用全球性资源进行基础性研究以提高公司潜在技术实力的目标并不是中国企业现阶段的主要目标。

从影响中国企业跨国技术获取形式的指标上看，指标"实行知识获取型 FDI"的载荷为正（标准化 beta 值为 1.21，p = 0.000 < 0.05），而指标"开展国际合作，较少进行知识获取型 FDI"的载荷为负（标准化 beta 值为 −0.32，p = 0.011 < 0.05）。这表明，中国企业更倾向于实行知识获取型 FDI，而对于仅仅开展国际合作，较少进行知识获取型 FDI 则持否定态度。

八、小结

大部分中国企业将跨国技术获取战略定位于吸收国外的先进技术和科学知识，而利用全球性资源进行基础性研究以提高公司的潜在技术实力——这一西方发达国家跨国公司所普遍关注的战略目标，在目前并未成为中国企业的主要目标。

吸引中国企业跨国技术获取的主要因素在于可以接近国外的技术环境，分享科技成果的溢出以及招募国外优秀的人才。对于少数领先的中国企业来说，它们能够针对海外市场进行技术转移和市场支持的高级活动，此时，这些企业的海外机构往往同时拥有技术监测站和市场支持中心的双重功能。但是，能根据当地市场和生产条件更好地提高竞争力的市场支持性活动——这一对于西方发达国家跨国企业普遍具有吸引力的因素,目前并不是吸引大部分中国企业进行跨国经营的主要因素。

高昂的国际化成本是中国企业跨国技术获取的最大障碍,而西方学者认为的影响跨国公司技术获取国际化的最大抑制性因素——对其核心技术泄密的顾虑和规模经济的考虑,对于处于国际化初级阶段的中国企业来说,并不是最担心的问题。

东道国的优惠政策与东道国的知识产权政策相比,中国企业更关注于后者。这既是中国企业知识产权意识提高的表现,也与现阶段中国企业的国际地位相符合。目前,中国企业的技术获取活动还处于模仿和学习阶段,这就无法回避知识产权保护的问题。也正是由于这一原因,使得东道国严格的知识产权政策营造的良好环境——这一西方发达国家跨国企业认为的积极因素,对于以技术模仿为重要技术获取方式的中国企业来说,反而是一个不利的因素。

最后,中国企业更加倾向于将实施知识获取型 FDI 作为跨国技术获取的主要组织形式,这基本符合中国企业国际化经营的现状和发展趋势。随着中国企业跨国经营活动的不断深化,知识获取型 FDI 将会呈现出更为强劲的发展势头。

第四章　跨国并购与中国企业创造性资产的获取

　　跨国并购(Cross-border M&A)是跨国企业收购和兼并的总称,指一国企业为了某种目的,通过一定的渠道和支付手段,购入另一国的企业的所有资产或足以行使经营控制权的股份。跨国并购是跨国企业整合外部资源的一种基本形式,是企业国际化经营的一种有效手段。与新建投资方式相比,跨国并购能够有效地降低进入新行业的壁垒,迅速地将不同国家企业的有形和无形资产集中起来,利用双方的互补性资源,减少研发领域的重复投资,通过管理和财务的协同效应获得战略优势;同时,还可以利用被并购企业原有的销售网络,迅速占领东道国市场。

第一节　中国企业跨国并购的历程与特点

一、中国企业跨国并购的发展历程

　　我国企业跨国并购起步较晚。从总体上看,我国经济的国际化程度不高,企业整体实力不强,大多数企业尚处于跨国经营的初级阶段。我国企业跨国并购兴起于20世纪70年代后期,大致经历了4个阶段:

　　1. 起步阶段(1979—1984年)。这一阶段带有自发试探的性质,参与对外投资活动的企业不多,兴办的境外企业较少,对外直接投资的主体主要是大的国有外贸进出口公司、大企业或企业集团。这一时期,我国企业共兴办境外合资、独资企业 113 家,平均每年在国外设立的企业数仅 18.8 家。只有很少的企业敢于尝试进行海外并购活动。1984 年年初,新琼企业有限公司(中银集团和华润集团组建)以 4.37 亿港元收购了香港康力投资有限公司,首开中国企业海外并购的先河。

2. 发展阶段(1985—1996 年)。这一阶段出现了中国企业跨国并购的热潮,一大批大型企业集团通过跨国并购参与国际竞争,实施跨国经营。1985 年,首钢公司以 340 万美元收购了美国麦斯塔工程设计公司的股份;1992 年,又收购了美国加州钢厂、秘鲁铁矿等海外企业。1986 年 9 月,中国国际信托投资公司利用国际银团项目贷款与加拿大鲍尔公司合资购买了加拿大塞尔加纸浆厂;1989 年,中信收购了香港电信 20% 的股权;1993 年,中信出资 340 万美元收购了澳大利亚麦多肉类联合加工厂,占股 70%。同年,华北制药股份有限公司购买了德国纽勃兰堡一个年产 500 吨青霉素的工厂。1996 年,中国国际航空公司并购香港港龙航空公司,中国华能控股公司并购印度尼西亚里玻兰德公司。总体而言,这一阶段我国企业跨国的并购主体仍然比较单一,主要局限于国家大型企业或企业集团;跨国并购规模较小,频率较低;并购区域主要集中在中国香港、美国、加拿大和印度尼西亚等少数国家和地区,主要涉及钢铁、电信、石油、化工等行业。

3. 扩大阶段(1997—2003 年)。这一阶段,我国民营经济高速增长,国内大型国有企业在竞争的压力下,加大了以并购为主要手段进行全球产业整合的力度。据国家统计局统计,截止到 2001 年年底,我国累计设立各类境外企业 6610 家,投资总额达 84 亿美元,其中,2001 年跨国并购累计投资达 12 亿美元。在 2001—2002

年期间,至少有 7 家中国公司收购了日本公司中的主要股份。中海油、海尔、万向、TCL、京东方、中国网通等企业加快了在美国、欧洲和亚洲等地国际化经营的步伐。1998 年,浙江万向集团完成了对美国舍勒公司的整体收购;2001 年 8 月,万向集团又斥资 280 万美元收购了美国 NASDAQ 上市公司 UAI,成为国内第一家通过并购买壳方式进军美国资本市场的民营企业。2002 年 1 月,中国海洋石油有限公司以 5.85 亿美元的资金收购了西班牙瑞普索公司在印尼的五大油田的部分股权;7 月中旬,中海油又斥资约 10 亿美元,收购英国石油(BP)持有的印尼 Tangguh 气田的股权;2003 年 3 月,中海油又以 6.15 亿美元收购英国天然气国际有限公司在哈萨克斯坦里海北部项目 8.33% 的权益。2002 年 6 月,海欣股份以 2500 万美元投资收购美国 GLENOIT 公司纺织分部资产,海欣股份因此成为全球最大的长毛绒服装面料生产经营企业。2002 年 9 月,中国网通用 8000 万美元成功收购美国亚洲环球电讯的经营网络,这是中国电信运营商首次在海外进行的并购。2003 年 2 月,京东方科技集团以 3.8 亿美元的价格成功收购韩国 AYNIX 半导体株式会社旗下的现代显示技术株式会社(HYDIS)的 TFT-LCD(薄膜晶体管液晶显示器件)业务,成为当时我国金额最大的一宗高科技产业海外收购。通过此次收购,京东方不仅获得了韩国现代的相关固定资产和无形资产,同时还取得了直接进入国内显示器高端领域和全球市场的通道。

这段时间,中国企业跨国并购带有明显的资源控制及构筑国家经济安全底线的特征,中石化、中石油、中海油三大石化业巨头相继收购国际能源资源,中国电信、中国网通收购国际电信公司等几大动作,表达了大型国有企业努力控制能源和通信等重要资源以保障国家经济安全的使命。除了国有企业外,民营企业同样有大手笔,京东方收购韩国现代 TFD-LCD 业务,海欣股份收购全球最大的长毛绒服装面料生产商 GLENOIT 公司纺织分部的两家工厂和 46 个商标品牌的永久使用权。这些跨国并购行为表明,我国的一些优势企业已经具备了全球扩张的能力,在国际化方面取得了可喜的进步。

4. 发力阶段(2004 年至今)。进入 2004 年,中国企业跨国并购出现了新的动向。中国企业突然发力,连续几个大的收购行动直指全球公司巨头。

2004 年 1 月,TCL 与法国汤姆逊(Thomson)公司共同组建 TCL—汤姆逊电子有限公司(简称 TTE),共同开发、生产及销售彩电及其相关产品和服务。TCL 集团将其在中国内地、越南及德国的所有彩电及 DVD 生产厂房、研发机构、销售网络等业务投入合资公司;汤姆逊则投入其所有位于欧洲、美国、墨西哥、波兰及泰国等国的彩电生产厂房、所有 DVD 的销售业务以及所有彩电及 DVD 的研发中心。在合资公司里,TCL 国际控股和汤姆逊公司分别拥有 67% 和 33% 的股权。TTE 的总部位于深圳,于 2004 年 7 月正式营运。此次重组涉及的总资产规模达到 4.7 亿欧元,新合资公司彩电年总销量达到 1800 万台,成为全球最大的彩电企业。新的 TTE 公司在全球拥有 5 个利润中心、5 个研发中心和 10 个生产基地。全球销售网点超过 2 万个,员工总数达到 2.9 万人。

2004 年 4 月,TCL 与阿尔卡特组建手机合资公司 T&A,TCL 通讯出资 5500 万欧元,持有 55% 的股份,阿尔卡特出资 4500 万欧元,持有 45% 股份。T&A 拥有阿尔卡特转让的 600 多名研发专业人员和经验丰富的销售与营销管理团队,在全球独家销售和分销阿尔卡特品牌的手机。合并后的销售网络将覆盖中国、拉丁美洲、欧洲和世界其他地区。合资公司将继续保持阿尔卡特与主要供应商的现有关系,继续巩固设在阿尔卡特的强大研发平台,并针对高端产品进行研发。合资公司和 TCL 移动的研究中心将继续设在 Colombes(法国)、上海和惠州。

2004 年 12 月,联想集团以 12.5 亿美元的价格并购了 IBM 的全球 PC 业务,包括台式机和笔记本电脑,以及与 PC 相关的研发中心、制造工厂、全球的经销网络和服务中心。新联想在 5 年之内无偿使用 IBM 品牌,并永久保留使用全球著名的"Think"商标的权利;与此同时,IBM 将持有联想集团 19% 左右的股份,成为联想集团的战略合作伙伴。这次并购,使联想获得了全球 PC 第三名的市场地位,是联想在国际化道路上迈出的关键而重要的一步。通过此举,IBM 顺利地甩掉了与其未来核心战略关联度不大的"包袱",并且换来了 6.5 亿美元现金和联想第二大股东的地位。

这期间,有些中国著名企业对海外大型企业的并购虽然未获成功,但体现了中国企业国际扩张的雄心,其中,中海油竞购优尼科公司和海尔竞购美泰克即是突出表现。2005 年 8 月 2 日,中国海洋石油有限公司宣布,中海油撤回其对优尼科公司的收购要约。中海油表示,在当时情况下继续进行竞购已不能代表公司股东的最大利益,决定撤回其对优尼科的收购要约。虽然中海油的报价超出竞争对手雪佛龙公司约 10 亿美元,但是由于美国外国投资委员会的阻挠,中海油最终在重压之下决定退出并购。2005 年 7 月 20 日,海尔集团决定中止对美国家电巨头美泰克的竞购。

二、中国企业跨国并购的特点

与欧美发达国家企业的跨国并购相比较,中国企业的跨国并购在并购方式、并购规模、并购目的、并购区位等方面都有自己独特的特点。这些特点主要体现在以下几个方面:

1. 中国企业海外并购规模不大。进入 20 世纪 90 年代,全球并购浪潮汹涌澎湃,大型、超大型跨国并购层出不穷,所涉及的金额巨大,有时高达数千亿美元。相对而言,中国企业的海外并购尚处于初级阶段,规模较小。与发达国家企业并购更注重强强联合不同,我国企业的跨国并购通常是以强并弱,无论是华立收购飞利浦的 CDMA 业务,还是中石化、中石油、中海油收购中亚、南美以及东南亚等地的油田,以及京东方收购 TFT-LCD 业务、TCL 收购德国施耐德、联想收购 IBM 的 PC 业务,都是在对方企业相对弱小或者出现经营危机时展开的收购。

2. 并购方式以横向并购为主。按照并购双方产品和产业的联系,可将并购分为横向并购、纵向并购和混合并购。一般说来,横向并购带来的效应主要体现在规模经济上。中国企业的海外并购虽然也涉及纵向并购和混合并购,但大部分是相同业务类型的横向并购。横向跨国并购能够扩大企业规模,降低成本,产生规模经济效应,并且有利于绕过贸易壁垒,扩大企业在世界市场上的份额。

3. 带有明显的技术或资源的寻求特征。中国企业跨国并购的一个重要特征是对于技术和重要自然资源的关注。例如,京东方收购韩国现代 TFT-LCD 业务就是为了直接获得第五代 LCD 的生产技术,华立收购飞利浦 CDMA 业务更是直接切入 3G 技术领域,掌握 CDMA 手机生产的上游核心技术——芯片软件设计及整体参考设计相关业务。中国石化企业、钢铁企业为了获得稳定或廉价的上游资源而在海外展开收购行动,如中海油通过购入东道国现成油气田股份的方式,成为印度尼西亚最大的海上石油生产商。

4. 收购的对象大多是跨国公司即将退出的业务。产业全球化的发展推动了跨国公司的业务重组。在产业调整过程中,一些西方大的跨国公司将从某些产业,或者产业的低端环节中退出,于是便会出售相应的子公司或工厂给其他企业。中国企业是这些跨国公司退出业务的一个重要买家。目前,中国企业海外并购的目标多是那些已经在该产业内丧失了竞争优势的企业或业务部门,比如联想收购 IBM 的 PC 业务部门在其被收购前的 3 年多来累计亏损高达 9.73 亿美元;TCL 收购的汤姆逊彩电业务在 2003 年也有 1 亿欧元的亏损,收购的阿尔卡特手机业务其净亏损已达 1482 万欧元。

　　5. 并购区位以发达国家为主。西方国家的并购史表明,以往的跨国并购都是以发达国家企业并购发展中国家企业为主,因为发达国家企业的实力更强,发动并购的可能性更大。然而与这种认识不同的是,中国企业海外并购除了部分资源型并购案例外,其他技术密集型企业的海外并购都指向了美国、欧洲、日本、韩国和加拿大等主要发达国家和地区。这种逆向并购行为反映了中国企业对重要的技术等创造性资产获取的重视,同时也增加了并购的风险。

第二节　中国企业跨国并购后的整合

　　企业并购协议的签署只是万里长征走完了第一步,接下来就是并购后的整合。并购后的整合在某种程度上说是整个并购过程中最重要的一环,它决定着并购活动能否真正为企业创造价值。对中国企业而言,并购是效率较高的创造性资产获取方式,同时也可能是风险最高的方式。统计表明,跨国并购的成功率只有 40% 左右。由于中国企业普遍缺乏跨国经营的经验,海外并购的成功率会更低。造成并购失败的原因有很多,包括财务上的风险、经营上的风险和资本市场的风险等。由于被并购的海外企业大都经营困难或濒临破产,收购之后能否实现赢利是中国企业面临的第一个挑战。从知识获取的角度来看,并购的风险主要是企业未能获得目标创造性资产,其原因有三:一是无法正确评估被收购企业的价值,有些企业因为买"壳"太滥,不仅没有融到"智",反倒买回了一大堆债务;二是因为许多创造性资产都是无形或隐性的,核心技术和知识很可能随着关键人员的流动而流失;三是中国企业缺乏跨文化管理的经验,不能有效地整合被并购企业,从而导致创造性资产传递过程受阻。

目前,中国企业跨国并购面临的最大挑战是并购后的整合问题。并购之后的企业整合包括以下几个方面:

一、人力资源整合

跨国并购后人力资源整合的内容主要包括两个方面:一是跨国并购后人力资源的变动;二是合并后新公司实施新的经营战略所引起的人力资源政策的变动。

（一）跨国并购后人力资源的变动

跨国并购后人力资源的变动主要涉及被并购企业关键人才的留用、用好被并购方企业主管人员和解雇员工三个方面的问题。

1. 被并购企业关键人才的留用

中国企业跨国并购的一个重要目的就是获取国外企业先进的技术。对于具有这些技能的优秀人才应该留用。因此,中国企业跨国并购应强调对优秀或关键人才的留用和稳定。一般来讲,企业优秀的员工会感到寻求一份新的工作很容易,竞争对手也会千方百计挖走人才,所以,主动放弃工作的大都是那些优秀的员工,如企业经理人员、高级财会人员、技术人员和有一技之长的工人等。国外的研究表明,并购后很快离开的绝大部分是有技术、有管理能力和经验的人才①。他们是企业宝贵的人力资源,是最具有战略价值的资产,是企业未来成功的关键。

因此,在并购实施前或整合阶段,我国企业应采取切实措施留住或稳定那些对企业未来发展至关重要的人才资源。在对待关键人员上,要尽早与其沟通,向他们提供未来企业的发展计划,使其消除并购初期的焦灼感。并购方应该掌握被并购企业员工的各种信息,包括员工构成、各职位的核心员工等;仔细评估被并购企业的核心员工或关键人员可能给企业带来的价值;及时向他们传递公司对未来发展的设想和相关政策,激发员工对并购企业的认同感和归属感。

2. 用好被并购方企业主管人员

对被并购企业的人才不仅要留得住,还要用得好。并购完成后,并购方对目标企业的管理主要是通过目标企业未来高级管理人员进行的。如果主管人员选派不合适,就会造成被并购企业人才的流失,客户的减少和生产经营的混乱,进而影响整合和最终并购目标的实现。因此,能否选择到既具有创新能力、管理才能,又忠诚于并购方的主管人员,就成为实现企业并购整合效益的重要环节。并购完成后,首先要任命被并购企业主要管理人员,以稳定员工心态。这个新任命的管理者将成为被并购企业生产经营和组织整合的核心和企业战略目标的实施者。

3. 解雇员工

并购整合是两个以上企业的重新组合,一个企业没有必要设

---

① 冯子标:《企业并购中的经济技术关系》,中国审计出版社2000年版,第218页。

立两个相同的职能部门。特别是在横向并购中,由于部门合并,职能集中,一些人员的工作相对重复,一般都有超员或人员富余的现象。尤其是国外的人力成本高于我国,不裁减这些多余的员工,会给企业带来沉重的负担。但是裁员不应该仅是决策层简单的一纸协议,而应该建立明确、合理的裁员标准,并且尽量不违背被并购企业所在国家的有关法律,避免引起不必要的纠纷与混乱。

(二)改变人力资源政策

跨国并购后,并购双方原来的人力资源政策由于诸多因素的影响显然不适合新公司。如果在并购之后仅仅是做人事的调整而缺乏人力资源政策的支持,新公司将充满矛盾与动荡,新的战略将很难实施。

1. 制定合适的薪酬政策

薪酬制度是人力资源激励的核心,它通过给予员工物质的满足感,达到激励员工的目的。合适的薪酬也是稳定被并购企业员工,减少核心员工流失的有效手段。跨国并购后,不同国别的企业的薪酬制度往往有很大差异,双方企业职位级别类似的人员的工资差异可能会很大。在实行跨国并购后,需要对新企业的薪酬体系进行调整,制定合适的薪酬政策。企业内部的薪酬要根据不同国别的生活水平以及行业水平做出适当的调整,不能使薪酬差距太大,不然不但不能起到激励的作用,反而有可能在公司内部引起混乱。

2. 建立有利于整合的培训体系

在跨国并购的整合期间,人力资源的培训要从一般的技能培训转向公司战略、组织文化、历史沿革方面的培训,使员工了解并购双方以及新公司的组织状况,更为重要的是让并购双方的经理和员工理解新公司的战略,理解公司的现行政策,减少员工的心理落差,增强员工对公司的认同感,激发他们的主动性和创造性。

二、企业文化整合

企业的创造性资产是和组织系统紧密结合的,具有很强的路径依赖性,深深植根于企业的企业文化之中。并购双方的组织文化整合是影响公司并购战略及长期经营业绩的关键因素(Malekzadeh,1990)①。对于跨国购并来说,文化的整合更为重要。

(一)中国企业跨国并购中文化整合的困难性

在中国企业的跨国并购中,文化整合可能是最为严峻的问题。这主要是因为以下三个方面的原因:

1. 中国文化与西方文化具有明显差异

文化差异是中外企业并购的天然障碍。中国人习惯归纳思维,而西方人的思维方式偏向发散,这就增加了沟通的难度和彼此间不信任的风险,许多跨国并购案中高管提出辞呈,理由都是没有得到新同事的信任。在行为规范上,西方文化强调在竞争基础上的合作,认为只有在冲突、对立和差异中才可能造就和谐与秩序,差异的存在是和谐的前提。而中国文化强调在合作基础上的竞争,重视整体的和谐与安定,强调个人的成就依赖于集体的兴旺。这种行为规范上的差异,使得新联想高层在怎样对待文化冲突的问题上产生了不同的声音。

2. 中国企业与发达国家企业之间明显的文化差异加大了整合的难度

从中国企业的文化特征来看,一方面,中国人对风险的接受程

_____

① Malekzadeh,A. R. ,*Making Mergers Work by Managing Cultures*. Journal of Business Strategy,May 1990.

度高,另一方面,又倾向于远离权力中心,这就导致了中国企业的成败往往取决于企业最高领导。企业的最高领导通过对下级的直接干预来管理企业,而下级更多的是服从领导的安排。如果照搬这种方式来管理其他发达国家的企业,显然是行不通的。因为在这些国家的企业中,企业中层往往扮演非常重要的角色。此外,在跨国并购过程中,企业高层管理人员通常把自己定位于民族文化的代表,他们不愿意在文化整合上做出任何有损于民族文化的决策。同样,如果中国企业在短期内就照搬发达国家的管理模式,由于能力和文化方面的原因,这种做法很难获得成功。这就使实施海外并购的企业处于一种多元文化并存的状态,加大了文化整合的难度。

3. 被并购企业对中国企业文化的认同度低

在中国企业海外并购的过程中,被并购企业的员工、投资者、工会和当地媒体对中国企业普遍持一种怀疑的态度。低价格的产品和低效率的企业往往还是中国企业在海外的形象。在这样的印象下,被并购企业的普通员工担心自己的就业,管理人员担心自己的职位,投资者担心自己的回报。目前,许多中国企业跨国并购的目标是欧美的成熟企业,这些企业对自身的文化有着很高的认同度并希望保持自身的文化。与这些企业相比,中国企业发展历史较短,文化还不成熟,这无疑加大了文化整合的难度。

(二)跨国并购中文化整合的阶段

一般来说,我国企业跨国并购的文化整合需要经过4个阶段:探索阶段、碰撞阶段、适应阶段和创新阶段。各个阶段文化接触和碰撞的心理特征不同,整合工作的侧重点也不同。

1. 探索阶段。这一阶段是指跨国并购的早期,并购双方为了探讨并购的可行性,进行初步的接触和交往,以及在并购交易刚刚完成的时候,双方企业管理层和员工开始对企业文化整合进行探索。在这一阶段,双方都比较小心地试探性地了解对方的文化,注意到两个企业的领导风格、行为模式以及各自的产品和声誉等方面的差异。来自国外的新的文化很可能会引起企业员工的新奇感。这一阶段的主要心理特征是欣喜和兴奋,虽然也会有一定水平的冲突,但不会产生大的冲突。在这一阶段,两种文化的接触还仅仅是表面上的和浅层次的,企业文化整合的主要工作是全面考察和评估跨国并购双方企业的文化背景以及可能出现的冲突,并根据考察结果制定初步的整合方案。

2. 碰撞阶段。这是文化整合计划的实施阶段,这一阶段往往伴随着一系列管理制度的酝酿和探讨。在这一阶段,文化冲突常常成为需要解决的主要问题。不同形态的文化或者文化要素之间相互对立、相互排斥,它既包括不同国家文化观念的不同而产生的冲突,又包括两个不同企业由于管理方式、核心理念不同而产生的冲突。随着两种文化接触的深入,两种文化本质的深层次的矛盾以及由这些文化本质决定的管理价值观的冲突必然走向公开化。这一阶段的主要策略是发展文化认同,进行跨文化的培训和沟通。跨文化培训和沟通包括对文化的认识,文化的敏感性训练以及冲突的处理等。

3. 适应阶段。这是两种文化逐步走向融合的一个较长的阶段。由于企业文化主要是一种意识形态的东西,因而具有较强的历史延续性和变迁的迟缓性。企业并购的文化融合需要经过一定的磨合期,不可能像设备更新、资产重组那样容易和迅速,各自的文化往往会在很长一个时期内继续存在并发生作用,有时甚至还会出现一些新的文化冲突高潮或升级。就一般情况而言,与国内企业并购后的文化适应相比,跨国并购中文化适应所需时间周期要长得多,花费的代价也要大一些。因此,在这一阶段,双方要通过增进跨文化理解来实现积极的融合与适应,调整和维护文化整合过程中形成的一系列管理制度。

4. 创新阶段。跨国并购后形成的跨文化企业,无论原来两家企业的文化如何,都不会是相互之间的简单适应和叠加,企业文化需要根据变化了的环境进行必要的重塑与创新。企业文化的最大特点是不可预期性,它将随着企业的发展而不断地进行下去,是一个有始无终的长期过程。在这个过程中,要注意不断地挖掘和提炼有利于文化融合的积极因素,促使新企业文化的形成。同时,在实践中应反复纠正员工的行为偏差,不断清除原企业文化中的不良成分,并通过一定的奖惩措施来持续巩固和强化新企业文化,直至员工能自觉地适应新的企业文化。跨国并购与一般的国内企业并购不同,双方原来的企业文化和民族文化背景存在较大差异,新建立的企业文化是在新的环境下发展起来的既有共性又有个性的企业文化。其共性和个性的范围或程度主要取决于企业面临的外部环境和并购后企业的内部条件。因此,跨国并购文化整合的过程并不是消除原有民族文化差异的过程,而是在尊重和保留民族文化的前提下,建立"超越个别成员的文化模式"的全新的共享文化的过程。中国企业必须有心理准备,放弃原有企业文化中不能适应新环境的文化因素,以学习者的态度吸收被并购企业文化中的有益成分,通过提升和完善自身的文化来促成新企业文化的"同化"。

三、组织与运营系统整合

（一）管理系统的整合

管理系统的整合首先表现在管理制度的整合上,即双方在研发、生产、营销、财务、人事等职能管理制度上实现统一规范、优势互补,由此带来管理协同效应。只有当双方的制定达到高度的融合,新企业的创新活动才能取得显著的效果。管理系统整合的另一个方面就是管理能力的整合。管理能力的核心是那些具有创新精神的企业家。对跨国并购来说,管理者的选择至关重要。他们必须有能力推进整合,并且知道如何与母公司成功合作。绝大多数成功的并购企业倾向于继续雇用被并购公司的经理人员,这一方面是为了稳定被收购企业的人心,更重要的是这些人真正熟悉企业和当地环境,采用其他人员的转换成本和风险都很高。

(二)组织结构的整合

组织整合应灵活运用组织设计的基本理论,结合我国企业跨国并购的类型与战略实施组织结构的变革与融合。组织结构整合的主要内容包括:

1. 确定母公司与被并购企业的权利关系

跨国并购会产生一种新的母子公司关系,如何确定被并购企业在整个国际组织中的地位和作用是一个非常重要的问题。两个不同国家的企业合并到一起后,被并购企业是保持自主权,还是由并购方做出所有的决定? 被并购企业是仍然像原来一样独自运转,还是被明显地改变? 控制权究竟如何分配? 这在并购完成的初期就应加以确定。母公司与被并购企业之间的权利关系主要有两种形式:一是集权式;二是分权式。集权式是母公司取消被并购企业的自主权,将其纳入母公司的控制体系;分权式是母公司赋予被并购企业很大程度的自主权,由其根据当地情况进行决策。要结合我国企业跨国并购的类型与战略确定集权或分权的程度。

2. 确定关键活动模块

通过对企业活动之间相互联系程度的分析,可以对企业活动进行适当组合或分解,进而确定并形成若干关键活动模块,并以此作为职务设计和部门划分的基本构架,形成整个企业组织结构。我国企业在跨国并购过程中,必须认真地研究影响企业跨国经营目标实现的关键活动,明确各关键活动之间的有机联系。通过对企业跨国经营活动的组织设计,确保关键活动在组织规划中成为最为突出的部分,并在组织预算与政策方面给予重点保证。

3. 提供组织结构系统图和编制职务说明书

新的企业需要新的经营思想和明确的职责分工。要结合国际企业的特点,编制新的组织结构系统图和职务说明书。职务说明书要求能简单明了地指出该管理职务的工作内容、职责与权力,与企业中其他部门和其他职务的关系,要求担任该项职务者必须具备的条件等。职务设计与分析是组织整合的最基础的工作。职务设计是在目标活动逐步分解的基础上,设计与确定企业内从事具体管理工作所需的职务类别和数量,分析每个任职人员应负的责任和应具备的素质。在此基础上,根据各个职务所从事的工作内容性质以及职务间的相互联系,依照一定的原则,将各个职务组合成不同的部门。部门划分之后,还需要根据企业现有或能够获取的人力资源,对初步设计的部门和职务进行调整,并平衡各部门、各职务的工作量,明确各岗位之间的职权关系,形成新的组织结构。

(三)业务活动的整合

业务活动的整合主要包括以下两个方面的内容:

第一个方面是供应链和生产的整合。整合的目的是降低采购、生产过程中的成本,提升效率。例如,TCL 在 2006 年对汤姆逊在欧洲的彩电供应链和生产设施大刀阔斧的重组,就是为了降低成本,提高效率。

对于实施横向跨国并购的企业来说,并购后的供应链和生产作业整合十分重要。供应链整合是要将原来相互独立的供应链整合成全球统一的相互协调的供应链。生产作业整合是指母子公司之间生产完全相同或相似产品的部门或工厂之间的整合。跨国并购的生产作业整合涉及地理位置距离和不同的生产成本与效率问题,并购后的企业要考虑将一些业务活动合并,同时还要放弃一些不必要的活动,如高成本的生产活动等。

第二个方面是销售体系的整合。例如,上海电气收购日本秋山公司之后,为解决秋山公司市场萎缩的困境,上海电气为秋山公司拿到了许多中国市场的订单。凭借上海电气在国内市场的销售网络和秋山公司的技术实力,通过优势互补,当年秋山公司就扭亏为盈。TCL 和施耐德的整合也体现了优势互补的原则。施耐德负责欧洲市场的销售,并利用对欧洲客户了解的优势,进行产品的概念设计;而 TCL 技术中心则负责研发,将概念变为具有竞争力的产品。

母公司对并购后企业销售组织的设置和销售渠道的建立,一般有三种策略可供选择:

1. 被并购方销售系统仍然独立运转。如果被并购企业原有销售网络运行顺畅、市场布局合理、客户关系融洽,母公司为了利用和保护这一重要资源,可采取销售系统分立的策略。通常情况下,分立时被并购方的整个体系将作为一个事业部的形式进行活动。

2. 合并销售系统。将被并购方的销售系统纳入到母公司的销售系统中。当母公司拥有知名品牌,并购的目的在于提高市场占有率,则将被并购方企业销售系统纳入自身的销售系统中,统一执行母公司的销售战略、统一经营母公司的品牌。这种情况在当前中国企业的跨国并购中尚不多见。

3. 将母公司在当地的销售系统纳入到被并购方销售系统中。如果并购的目的就是要充分利用对方的销售系统,而母公司在当地的销售系统还不够强大,这时可以将母公司在当地的销售系统纳入到被并购方销售系统之中。

第三节　案例分析:联想整合 IBM 的 PC 业务

一、收购背景

2004 年 12 月 8 日上午,联想集团在北京正式宣布,以 17.5 亿美元的代价(6.5 亿美元现金、价值 6 亿美元的联想集团普通股、IBM 的 PC 部门约 5 亿美元的净负债转到联想名下)收购 IBM 公司的 PC 业务。这一收购的资产包括 IBM 所有笔记本、台式电脑业务及相关业务,包括客户、分销、经销和直销渠道;"Think"品牌及相关专利、IBM 深圳合资公司(不含 X 系列生产线);以及位于日本和美国北卡罗来纳州的研发中心。并购后,中方股东联想控股将拥有新联想集团 45% 左右的股份,IBM 公司将拥有 18.5% 左右的股份。并且根据收购协议,联想和 IBM 将结成长期战略联盟,IBM 将成为联想的首选服务和客户融资提供商,而联想将成为 IBM 及其客户的首选 PC 供应商。新联想集团在五年内有权根据有关协议使用 IBM 公司的品牌,并完全获得商标及相关技术。并购 IBM 公司的 PC 部门以后,新联想全球 PC 产品的出货量达到了 1190 万台,销售额一举升至 120 亿美元,联想将成为仅次于戴尔和惠普的全球第三大 PC 厂商,而 IBM 公司将持有 18.5% 的联想集团股份,并通过合资公司的形式继续介入 PC 业务。

联想和 IBM 公司这一收购信息的发布,标志着联想此次海外并购行动的圆满结束,同时也意味着联想整合 IBM 全球 PC 业务这一艰难过程的开始。联想并购后整合的成败,将直接影响联想国际化经营战略的实现,并且影响全球 PC 产业的格局。

二、收购后的整合

联想集团高级副总裁、联想中国首席运营官刘军在接受《第一财经日报》的采访时曾对联想的整合计划予以披露:"新联想将通过三个阶段进行过渡和整合。第一阶段是从收购宣布之日起,新联想将着力兑现我们对客户、员工、股东的承诺,包括维护联想和 IBM 已有的客户,保持产品领先性、高效的业务运作,主动推广和提升公司品牌,激发员工的工作积极性;第二阶段,新联想将着力通过品牌、效率和创新,提升我们的竞争力,包括提升运营效率,提升 Think 品牌资产,在世界各地推广 Lenovo 品牌,建设全球的创新和绩效文化,目标明确地开发新的产品和新的市场;第三阶段,通过在选定市场的强势投入,扩大投资实现公司主动的盈利增长。"①这已经表明了联想的整合计划。

(一)人力资源整合

1. 被并购企业关键人才的留用

联想集团并购 IBM 公司的 PC 部门完成后,首先对领导层进行调整:原联想 CEO 杨元庆接任董事长,新联想 CEO 一职由 IBM 公司高管、个人系统集团资深副总裁史蒂芬·沃德(Stephen M. Ward)接任。在新联想的 13 位高级管理层里,原联想和 IBM 公司 PC 旧部的比例为 7:6,形成这样一个组合是

---

① 杨国强:《新联想暂不会考虑使用 IBM 品牌》,《第一财经日报》,2005 年 5 月 9 日第 C03 版。

双方沟通和妥协的结果。原 IBM 公司高管史蒂芬·沃德是被并购企业的关键领导者,沃德的留任能起到安稳原 IBM 公司员工军心的作用,并且通过沃德等高层领导者可以让联想的后续并购整合措施更好地执行;同时,通过沃德,有助于联想更好地了解原 IBM 员工的各种信息以及公司的现状,有助于公司对 IBM 员工进行甄别、筛选。

2. 选好和用好被并购方企业主管人员

交易宣布之后,联想集团及 IBM 实施了针对员工的沟通计划。对于并购交易,联想及 IBM PC 管理层和员工反应非常积极正面,对新公司的未来充满信心和期待。在新联想的 13 位高管中,IBM 高管占据 6 位。具体的分工是:原 IBM 高级副总裁、个人系统事业部总经理史蒂芬·沃德担任新联想 CEO(首席执行官);原 PCD(个人电脑部)主管运作的总经理 Fran O' Sullivan 担任联想国际业务的 COO(首席运营官);原 PCD 主管市场及策略的副总裁 Deepak Advani 担任新联想的 CMO(首席市场官);原 PCD 主管全球销售的副总裁 Ravi Marwaha 担任新联想全球销售的负责人;原 PCD 主管产品提供的副总裁 Peter Hortensius 担任新联想副总裁,负责全球产品开发;原 IBM 的 Bill Matson 担任人力资源系统的负责人。[①] 这表明联想将充分借重 IBM PC 部门的现有资源,包括人力资源开拓国际市场。

3. 一般员工的安置

联想并购 IBM 后,接过了原 IBM 的 1 万多名员工。由于双方业务相近,IBM 中国员工与联想近万名员工将有大面积的重叠,这

---

① 《IBM 六旧将进新联想高层》, http://tech. sina. com. cn/it/2005 - 02 - 05/1055524881. shtml。

不可避免地要"减员增效"。但是联想曾与 IBM 达成协议:联想承诺在两年内不会降薪或裁员。这项政策在并购整合初期确实稳定了原 IBM 员工,减少了员工的流失。但是这么多的冗员以及高昂的人力成本将是联想难以承担的。这个问题解决不好将会影响并购企业的经营绩效。

2006 年 3 月 16 日,联想集团对外宣布了一项调整计划:未来 6—12 个月内,在美洲、亚太和欧洲公司削减 1000 份全职工作岗位,预计该重组的成本约为 1 亿美元。① 联想开始裁员。

4. 薪酬政策

在并购时,为了稳定原 IBM 员工,联想曾与 IBM 达成协议承诺在两年内不会降薪或裁员。在这次并购完成后的新联想内部,原联想员工和原 IBM 公司员工在薪资水平和福利待遇上存在比较大的差距。如果在中国工作的原 IBM 公司员工留在新联想,薪资水平和福利待遇不变,这当然有利于留住原 IBM 公司员工。但由于在中国工作的原 IBM 公司员工的薪资大大高于原联想员工,这必然会导致原联想员工的心理不平衡。这是摆在新联想人力资源部门面前的一道难题。不过,据联想透露,薪酬不变的是总额,薪酬结构将被调整,譬如原先固定薪酬是 100,可变薪酬为 50,今后将被调整为固定薪酬 120,可变薪酬 30。这种调整并未将对方员工纳入自己的薪酬体系,反而是公司为员工承担了更多的风险。②

(二)企业文化整合

整合过程中最难也是最艰巨的就是企业文化整合。跨国并购

---

① 李立宏:《联想宣布全球运营调整 境外裁员 1000 人》,http://tech.qq.com/a/20060316/000239.htm。

② 《解读联想收购 IBM PC 的薪酬公式》,http://tech.sina.com.cn/it/2005 - 05 - 21/0945613717.shtml。

在文化整合方面要面临三大文化差异:一是行业差异;二是民族文化差异;三是企业个性文化差异。联想和 IBM 公司的行业文化比较容易融合,面对的文化差异主要来自后两种,其中最大问题是中美民族文化的冲突问题。中国企业要比美国公司更加层级化;中国管理者倾向于更加专权,他们不太习惯美国管理者和下属之间的那种妥协关系;中国人看重谦虚,美国人看重自信。民族文化是很难改变的,重要的是相互理解,相互尊重。

在企业个性文化差异方面,联想和 IBM 都形成了自己的企业文化,而且是两种不同类型的强势企业文化。针对强势文化的整合,早期可以采取隔离模式,之后,通过交流与融合,吸收双方文化的精华部分形成一种新的文化。这一点对于新联想任重而道远。

(三)组织结构整合

新联想的管理架构是,外部管理以外方为主,内部管理的财务方面以中方为主。在运行架构上,整合初期设立双业务运营中心。IBM 公司原高管团队保留着对新联想全球业务高度的经营权,形成"联想国际";以原来联想产品为主的中国市场组成"联想中国"。这两个部分相对独立。从这个意义上讲,联想还没有完成真正意义上的重组。这种过渡组织结构对于缺少国际市场经营经验的联想来说,能够更加有效地利用原 IBM 的原有人力资源,有利于初期的稳定过渡。但是,随着整合的深入,这种组织结构需要逐渐调整,以避免这种浪费资源、不能实现规模经济的"两驾马车"现象。

(四)业务活动整合

1. 销售网络整合

在新联想的整合步骤中,市场渠道网络整合是一个重要的环节。联想所采取的混合营销架构(区域平台 + 网格业代)与 IBM

公司的大分销体系存在很大差异，整合难度大，并且很有可能带来渠道的动荡。更为严重的是，由于面临被洗牌出局的危险，IBM 公司的代理商（尤其是全国性分销商）普遍疑虑重重，陷入迷茫之中。

IBM 公司的渠道和联想集团渠道同是国内优秀的渠道网络，但两者相比又各有优缺点。IBM 公司在行业、企业市场有很强优势，而联想在家用、中小企业市场很有优势。在新联想未来的规划中，二者恰好可以优势互补。现阶段，新联想的渠道策略是保持现有渠道架构、策略不变。原联想和原 IBM 公司的渠道各行其道，按照原来的发展路线行进。

由于并购事件引发渠道恐慌，因此，在短时期内，联想集团必须对 IBM 公司原有渠道做大量的安抚工作，其中尤其要对渠道业务整合时间点做出明确界定，比如承诺在一定时间内，保持品牌独立运作的现状，并适当给予分销渠道一些优惠政策。总之，要考虑并告知渠道政策的变化方向。

联想已经计划把全球销售和销售支持系统整合为一个部门，以提高对客户要求的响应速度；并且，在尽可能合理的情况下，要求各团队集中办公。

2. 研发整合

能否将 IBM 的研发维持下去，并应用研发成果提升其竞争力，将是新联想能否整合成功的关键。研发整合是企业并购整合中的难题。对于缺乏技术血液的 Lenovo 来说，整合 IBM 研发将是更大的难题。旧联想缺乏在承担高额研发费用情况下获取较高利润的经验，但亏损的 IBM PC 也不能为联想提供这种经验。

3. 品牌整合

IBM PC 的市场定位与品牌定位就是高端商用，从联想中国新任 COO 刘军的讲话中可以看出,新联想确定了国内 Lenovo 主打家用消费、IBM 主打商用的策略。两条产品线将继续保持不同的品牌、市场定位,为此,性能与价格也会相应做出配合。在这种策略下,Lenovo 将保持原有特色,在家用消费方向继续专注客户界面的研发,而 IBM 则继续在商用的可靠性方向延续。IBM 原国内业务与 Lenovo 业务并行不悖。显然,由于在不同市场进行分品牌营销,导致 Lenovo 的品牌价值并不会很快依托 IBM 得到提升。Lenovo 电脑将继续保持低质低价,而 IBM(Think)产品也将继续保持高端品牌高端定价。

4. 供应链整合

联想收购 IBM PC 后首先进行的就是供应链的整合。供应链整合可以带来很多好处。首先是低采购成本。此前,新联想先期整合了全球采购系统。根据联想公布的数据,并购完成后的第一季度当中,2005 年 5 至 6 月份,整合采购已经产生了 1000 万美元的协同效益。其次,在财务上可以加快资金运转。另外,通过低成本采购、规模生产、低成本运输等途径,优化的供应链可以降低产品成本。计世资讯的曲晓东认为:"PC 是个成熟产业,研发、销售、品牌等方面的整合都不会立竿见影;而通过整合供应链控制产品成本,对新联想意义非凡。"①

---

① 《联想消化 IBM PC 惊险一跃 创业海外新兴市场》,http://tech.sina.com.cn/it/2005 - 10 - 15/0135740435.shtml。

第五章 中国企业全球学习能力的构建

中国企业在海外获取创造性资产的过程,也就是企业全球学习的过程。能否成功地获得创造性资产,以及如何将获得的创造性资产转化为竞争优势,都取决于企业的全球学习能力。创造性资产实质上就是以知识为特征的资产,只有通过不断地学习,将从外部获得的创造性资产转化、升级、创新,才能最终形成企业持续的竞争优势。

第一节 跨国公司的全球学习

一、组织学习与全球学习

组织学习是指企业在特定的行为和文化下,建立和完善组织的知识和运作方式,通过不断应用相关的方法和工具来增强企业适应性与竞争力的方式。[1] 组织学习实际上是组织不断努力改变或重新设计自身以适应不断变化的环境的过程,是组织的革新过程。从一般意义上讲,我们可以将组织学习视为获取、创造和传播知识的过程。通过组织学习组织成员得以分享基于过去经验和知识的价值观。组织学习不仅仅是个人的知识获取,从本质上说它

----

① Goh,S. C. , *Toward a Learning Organization*：*The Strategic Building Block*. Advanced Management Journal ,1998 ,Spring.

包括了一系列不同于个人学习的活动。它的目标就是要建立一种可以从自己和别人的经验中学习的机制,不断地产生、存储和搜索知识,以实现组织行动的理想效果。

全球学习是不同的视角下的组织学习,它是以全球化的视角来学习,为的是构建全球化经营的能力和全球的思维模式。这个过程强调了关键的全球多样性和变革,它与一般组织学习的视野存在明显差异。图 5—1 对本土组织学习与全球学习进行了比较。

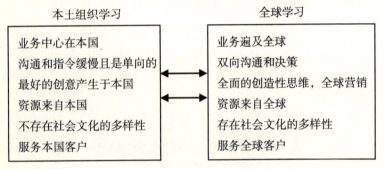

图 5—1　本土组织学习与全球学习的比较

二、组织中知识的转化

在组织中,知识的转化存在四种基本模式:潜移默化(Socialization)、外部明示(Externalization)、汇总组合(Combination)、内部升华(Internalization) ,即知识转化的 SECI 模型。① 如图 5—2所示。

潜移默化,是个人间共享隐性知识的过程,在这个过程中隐性

---

① 　Gupta, A. K. and V. Govindarajan, *Knowledge Flows and the Structure of Control within Multinational Corporations.* Academy of Management Review, 1991, 16(4), 768-792.

图 5—2　知识转化的 SECI 模型

知识通过人与人之间的观察、模仿和亲身实践等形式得以传递。师传徒受是这种过程的典型形式,公司中的"在职培训"也基于同样的原理。

外部明示,是对隐性知识的清楚表述,并将其转化成别人容易理解的形式。外部明示是将隐性知识用显性化的概念和语言清晰表达的过程,这个过程依赖于隐喻、类比、概念和模型的应用。

汇总组合,是将零碎的显性知识组合化和系统化的过程。信息技术的发展极大地促进了组织内部显性知识的"汇总组合"。

内部升华,是组织的员工吸收、消化由"汇总组合"得到的新的显性知识的过程。在这个过程中,员工获得新的隐性知识,同时形成组织自身的隐性知识系统。在组织连续的知识转化过程中,组织的隐性知识系统不断得以扩充和发展,成为组织核心竞争力的关键部分。

通过上述四个阶段,组织的知识实现了在个人与个人之间、个人与组织之间的传递与转化,并最终产生新的知识。在这个过程中,知识的传递、转化和创造是一个动态的、递进的过程,因此被称为知识螺旋。当一次知识螺旋运动完成后,新的知识螺旋运动又开始了。在这种生生不息的运动中,四种知识转化模式组成一个有机的整体,成为组织知识创造过程中不可或缺的部分,其中任何一个环节的相对弱化都会削弱组织中的知识循环流,从而降低组织的知识创新能力。

三、国际化阶段和学习管理的层次

Gupta 和 Govindarajan(2000)认为,知识在企业网络内的获取和转移可以从个别单元的行为、单元组合的联合行为及整个网络的行为去研究。企业处于不同的国际化阶段,其学习管理的重点也不完全相同。① 企业的国际化阶段和学习管理层次的关系如图5—3 所示。

1. 国际化初始阶段——子公司层次

在国际化的初始阶段,企业海外的子公司数目有限,子公司所获的第一手的知识和经验不仅对其生存和发展至关重要,而且也对整个企业集团今后的国际化拓展有十分重要的意义,海外的子公司已经变成了跨国公司全球学习的"触点"。

海外直接投资企业的管理者不但是企业集团技术转移的代理人,而且是学习的代理人。许多企业派到海外的经理常常通过电话、传真和电子邮件与总部联系,他们同时也被要求每年一次或两次返回总部向上级汇报,并与职能部门的负责人讨论他们在海外

---

① Gupta, A. K. and V. Govindarajan, *Managing Global Expansion : A Conceptual Framwork*. Business Horizons, Greenwich: Mar/Apr 2000. Vol. 43, Lss. 2, p. 45.

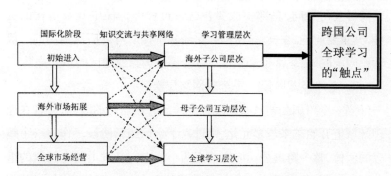

图 5—3　企业国际化阶段和学习管理层次的关系模型

遇到的问题。但是,海外子公司获得的知识及管理者的经验往往都是隐性知识,如果没有一个特别设计的方法,就不能使企业有效地分享从海外获得的知识与管理经验。必须通过有意识的管理,将这些知识外部明示(Externalization),将其变为显性知识,或者变成可以操作的规则和程序。所以,在国际化的初始阶段,在子公司层次上,将其获得的创造性资产制度化是学习的重要方面,其目的是可以将制度化的知识转移并复制。

2. 海外市场拓展阶段——母子公司层次

由于企业吸收和内部化海外子公司的知识需要一定的时间,从事海外拓展的企业最好是按照一个适当的顺序推进跨国经营活动,即有步骤地一个子公司一个子公司地推进,这样后者可以从前者的经验中获益。虽然以前在一个国家所获得的经验具有当地的背景,但它仍然对其他国家的经营有借鉴作用。这就意味着一个子公司获取的知识必须转移到另一个子公司中,并且在其经营中再次被利用。

在这一阶段,对母公司—子公司层次的关系管理特别重要。对于那些国际化经验还不十分丰富的企业而言,由于其经营体系往往偏向母公司导向,总部一般要在这一过程中担任中介及消化的责任,其重要职能之一就是从国际化经验中提取可以广泛运用的一般性原则。同时,总部也必须注意区分不同国家或地区的不同背景。

　　3. 全球经营阶段——全球网络层次

　　当一个跨国公司从事国际化经营已有相当长的时间,并且在地理区域上开始越来越多元化,则进入了全球经营阶段。作为一个整合的实体,整个跨国公司应在前面两个层次的基础上建立持续的组织学习机制,并形成合理化的学习网络。在这一网络中,包括总部和子公司在内的每一个节点都能在知识的获取、转移和创新中发挥作用,而来自于每一个节点的知识都能被整合到整个网络中,以便创造出新的知识并将其转移到需要的地方。在学习网络的支持下,跨国公司可以在每一个市场建立竞争优势,并最终获得全球竞争的持续竞争优势。在这一阶段,跨国公司对于学习过程的有效管理,将直接影响其在全球范围内进行资源整合的能力及其优势的获得。

四、跨国公司全球学习的过程

　　跨国公司全球学习的过程可以分解成几个连续的活动,如图5—4 所示。①

　　图5—4 中,活动1 是某个国家的子公司在公司总部的支持和鼓励下,在其经营过程中开发出独特的知识和技巧;活动2 是将这种知识和技巧转移到总部,以将其转化为整个组织范围的知识;活动3 是总部对独特知识和技巧的整合过程,通过这种整合,可以在

　　① Kogut,B. and U. Zander, *Knowledge of the Firm and Evolutionary Theory of the Multinational Corportion*. Journal of International Business Studies,1993,24(4),pp. 625-645.

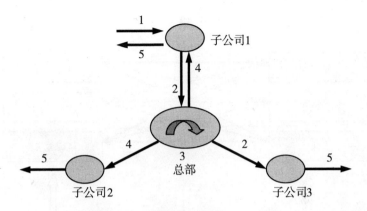

图5—4 跨国公司全球学习的过程

全企业范围内创造出具有独特性的知识;活动4是总部将这种新知识转移到其他能够运用这些知识的子公司;活动5是各个子公司在其经营过程中充分挖掘和利用各种具有独特性的知识。如果跨国公司的总部及各个子公司可以连续开展上述的几个活动,形成良性循环,则可以使整个企业网络实现资源的创造和共享。

在跨国公司的全球学习过程中,每一次学习活动的开展都是从知识的来源单位(可以是子公司或者母公司)通过知识传播渠道(跨国公司体系的知识传播渠道)流向接受知识的目标单元(可以是子公司或母公司)。对于来源单元来说,能够提供有价值的知识是关键,而对于目标单元,是否能够吸收知识以及吸收的速度是关键。企业知识流通、传递的渠道是否存在,是否有效率也决定着企业全球学习的效果。跨国公司全球学习的影响因素如图5—5所示。

从图5—5中可以看出,影响跨国公司全球学习的因素主要包括五个方面:

1. 来源单元的知识价值。一个子公司的知识对跨国公司中

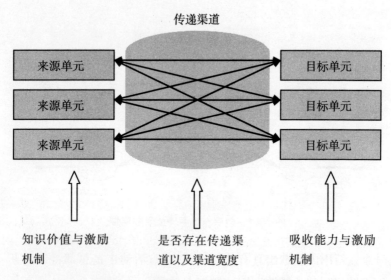

传递渠道

来源单元   目标单元

来源单元   目标单元

来源单元   目标单元

知识价值与激励   是否存在传递渠   吸收能力与激励
机制   道以及渠道宽度   机制

图5—5   跨国公司全球学习的影响因素

的其他单元越有价值,则其吸引力越大。如果将子公司拥有的知识与其他单元拥有的知识进行比较,那么,知识的差异性是这种知识对其他单元有价值的必要条件。

2. 来源单元的激励倾向。拥有独特价值知识的组织单元愿意在企业网络中享有"信息垄断"的地位。事实上,权利的斗争在组织中普遍存在,它意味着某些单元会把具有独特价值的知识视为可以在企业内获得和维持相对权利的条件。因此提高知识来源单元与其他单元分享知识的激励因素,可以在很大程度上抵消"隐藏"知识的倾向,并对知识流出产生重要的正面影响。所以,跨国公司内部的学习文化及分享文化的培育是非常重要的,同时,还需要将这种分享制度化。

3. 传递渠道的存在及其宽度。知识流发生的前提条件是存在传递渠道,而且渠道的宽度也会对知识的流动造成影响,比如沟通的非正式性、开放性和沟通密度等。

4. 目标单元的激励机制。如果缺乏激励机制,子公司不愿意接受来自其他单元的知识,则知识的流入也会遇到障碍。激励机制可以采取多种形式,如果目标单元不能自发地学习,来自于母公司的强制性压力可能是一种有效的激励。

5. 目标单元的吸收能力。即使子公司处于相同的环境,具有系统地获取新知识的愿望,子公司之间也会存在"吸收能力"上的差异,从而造成知识交流效果的差异。组织之间吸收能力的差异有两个主要原因:一是先前知识的拥有程度;二是知识来源单元与目标单元之间的同质性程度。先前的相关知识之所以重要,是因为它可以过滤信息,而且它决定了一个组织内化和吸收有价值信息的能力。此外,如果进行知识交流的单元之间具有某些相同的组织特征,则有助于提高知识传递的效果。

第二节　吸收能力与创造性资产的获取

一、吸收能力的定义

企业吸收能力是决定企业从外部获取创造性资产并转化为企业核心竞争力的关键因素。柯恩和莱文塞尔(W. M. Cohen, D. A. Levinthal,1990)将吸收能力定义为:企业认识、消化外部新知识和信息,并使其实现商业化的能力,它是企业技术创新能力的关键①。

———————

① Cohen, Wesley M. and Daniel A. Levinthal, *Absortive Capacity: A New Perpective on Learning and Innovation.* Administrative Science Quarterly, Mar,1990. Vol. 35, Iss. 1. p. 128.

组织的吸收能力,不仅仅是个人吸收能力的集合,也有一些是组织层次所特有的。在组织行为学里,吸收能力则被定义为组织为提高竞争优势而获取、吸收、开发新知识的能力,这种能力被认为是一种组织能力,即企业整合组织及个人的学习和经验的能力。类似地,Kogut & Zander(1993)从资源基础观出发,提出了结合能力(Combinative Capabilities),即企业整合内部和外部资源,进行创新并产生新知识的能力。他们认为,吸收能力可视为企业将从外界移转进入的知识,与原先知识基础加以整合,以创造价值的能力。①

二、吸收能力与获取创造性资产的关系

创造性资产的获取必须经过转移和内部吸收学习两个过程。邓宁(1998)认为,创造性资产的形成具有路径依赖性,具有公司特有的性质,尤其是创造性资产中组织管理技能由于与企业的特定历史和文化相联系,转移难度更高,因此,创造性资产转移具有组织化特征,其获取过程依赖于组织的吸收能力和良好的沟通机制来推动及转化,单纯的技术引进无法实现创造性资产的获取,只有重新使创造性资产公司特有化后,才能发挥其增值的作用。②

组织吸收能力本身也是一种创造性资产。企业发展创造性资产的初始阶段的主要目标是提升企业的吸收能力;在后期阶段,主要目标是为企业提供吸收平台。在这一阶段,吸收能力又转化为

① Kogut, B. and U. Zander, *Knowledge of the Firm and Evolutionary Theory of the Multinational Corportion*. Journal of International Business Studies, 1993, 24(4), pp. 625-645.

② Dunning J. H., *Location and the Multinational Enterprises: A Neglected Factor?* Journal of International Business Studies, 1998, 29.1. First Quater.

企业进一步杠杆获得更多创造性资产的前提或基础;较高的吸收能力可以提升合作层次,扩大获取范围,提高学习效率。这一过程如图 5—6 所示。

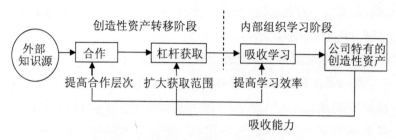

图 5—6　吸收能力与创造性资产获取的关系

三、影响企业吸收能力的因素

影响企业吸收能力的因素主要包括先验知识、研发投入、学习强度和学习方法以及组织学习机制四个方面。

1. 先验知识

Teece 认为,企业原有的经验与知识转移具有相关性,技术的发展阶段和使用同类技术的公司的数量有利于降低知识转移成本和提高学习效率。企业吸收的新知大都与其先验知识(Prior Knowledge)相关,先验知识的内涵将影响其吸收新知的态度和对合作研究对象的选择。但是,先验知识也有一定的局限性。企业大都倾向于强化本身专业领域知识的吸收与创新,对于自己不熟悉的新领域或不具有优势的其他领域,往往采取比较消极与被动的学习态度。

2. 研发投入

Cohen & Levinthal(1990)的研究证实,企业吸收能力与其研发投入具有密切的关系。R&D 活动具有双重作用,企业投入研发的目的,不仅为解决问题与创造新知识,同时也是为了提升企业的技术吸收能力。企业所要学习的新技术越复杂,对吸收能力的要求就越高。只有具有较大的研发投入和较强的研发基础的企业,才能胜任复杂知识的学习。

3. 学习强度和学习方法

学习强度影响企业的吸收能力。学习强度(Learning force)可以定义为:企业对于引进与学习新知识的迫切程度。在技术转移过程中,企业学习与使用新知识的强度越高,所呈现的学习效果也会越显著。努力强度会造成知识基础的改变,努力程度较高时可以累积知识,努力程度较低则原先的知识基础会过时(Kim,1998)。学习方法也会影响企业的吸收能力,要将新知识纳入现有的知识系统,并加以充分利用,需要一套有效的学习方法和大量的练习。

4. 组织学习机制

除了先验知识、研发投入与教育训练会影响企业的吸收能力外,组织学习机制也是影响企业吸收能力的重要因素。企业虽然是由个人所组成,但企业的吸收能力不等于员工个人的吸收能力。企业的吸收能力除了包括自外部吸收新知识外,还包括新知识在组织内的扩散、利用与再创新,因此,它是一种外部学习与内部学习的整合。知识在组织内部的扩散与组织文化、价值观、沟通机制密切相关。如果新知识不能符合组织的价值观或利益,往往很难转移、扩散或被利用。组织内部过于封闭,则对外部新知识的吸收必然会产生负面的影响。因此,要增强企业的吸收能力,必须建立有效的学习机制。

第三节　培养中国企业的全球学习能力

对于我国企业来说,对外直接投资的战略目标是要获取创造性资产,提升全球竞争能力。创造性资产的获取和竞争能力的提升需要以良好的学习能力为基础。我国企业全球学习能力的培养是一个长期和艰巨的过程,在这一过程中,重点应抓好以下三个方面的问题:

一、充分发挥海外子公司的作用

由于我国跨国经营企业需要从海外投资中获取先进的技术和管理经验,置身当地的海外子公司就必然成为企业获取知识的关键工具。传统的跨国公司理论通常将海外子公司视为"海外市场进入者"或是"母公司专有技术转移的接受者",而企业的专有优势只存在于母公司,只有母公司才是知识发展与扩散的承担者。在企业寻求创造性资产的过程中,传统的思想正面临挑战,海外子公司的角色正在发生根本性的变化。越来越多的海外子公司正在成为前沿思想的创造者、重要研究任务的承担者以及战略规划实施的积极参与者。海外子公司不仅已经转变成为跨国公司专有优势发展的贡献者,而且,在这方面正扮演着越来越重要的战略角色。换言之,海外子公司正成为跨国公司知识网络体系中重要的学习者和知识贡献者,公司专有优势的产生与维持正由原来单一的母公司导向转变成为整个公司网络的集体责任。企业需要扩大海外子公司的自主权,通过海外子公司来获取东道国所特有的国别性知识,创造性地吸收和利用当地知识。

二、建立有效的学习机制

全球学习最为关键的一环是通过全球学习机制在公司内部转移与扩散知识。事实上，通过互动型学习和本土化学习促使子公司在全球范围内创造性地学习和吸收新知识，只是实施全球学习的第一步。更为重要的是，要通过建立全球学习机制，将每个局部所获得或创造的新知识，在全球范围内实现有效的转移与整合，从而提高整个公司的知识水平，这才是全球学习的真正力量所在。

提高中国企业的全球学习能力必须以知识管理为依托。提高核心能力要求企业必须有效完成"知识获取→知识处理→知识传递→知识应用"这一完整的知识链过程。知识管理就是通过引导和约束这四个环节，促进知识生产和流动，使知识在使用中增值，从而达到提高企业核心能力的目的。

知识管理主要通过以下几种功能来促进企业全球学习的实施：1. 知识管理的外化功能——管理知识获取，即以外部存储库的形式捕获知识，并根据分类框架或标准来组织它们。2. 知识管理的内化功能——管理知识处理，即设法发现与特定用户需求相关的知识。内化建立在外化的基础上，是对外化结果的深加工。内化功能能使知识的寻求者更方便地获取所需知识，大大提高知识获取的效率，有效地缩短知识生产周期，这是提高企业核心能力的一个重要环节。3. 知识管理的中介功能——管理知识传递，即将知识寻求者与最佳知识源相匹配，这是知识发挥作用的关键性步骤及前提条件。储存于数据库中的静态知识是不能发挥作用的，只有将它与特定的人、特定的过程进行动态匹配，才能实现其蕴涵的价值，实现价值增值，最终获得并持续提高企业核心能力。

我国企业应重视建立全球学习的渠道，积极构建知识共享网络。知识共享网络包括信息技术、培训与技能发展、组织结构和激励系统 4 个方面。在信息技术方面，应适当加大对技术系统的投资，但必须关注信息技术的易用性，使人们更加容易分享信息。在培训与技能发展方面，应加强对员工的培训，使员工明白知识共享的意义，教会员工如何提供知识贡献，如何有效地搜索需要的信息和使用公司的知识共享工具，以最大化地发挥信息系统对于员工知识交流和信息分享的促进作用。在组织结构设计方面，应该尽量使组织结构扁平化，促进信息的快速流动。通过扁平化、网络化和边界虚拟化等新的组织设计手段和方法，可以消除和改变传统组织结构对于知识传递、使用、共享和整合的阻碍，加快知识在组织内的流通和使用。在激励系统方面，相应的薪酬系统不应该只关注短期的财务绩效，而应该奖励基于团队合作和成功知识传递的绩效。企业可以通过建立基于团体绩效的奖励机制，比如，公司范围的利润分享计划、员工持股计划等，以鼓励知识共享；企业还可以通过建立内部知识产权保护制度，以承认知识的来源，突出知识提供者的贡献。

三、加强对学习过程的领导

全球学习实施的责任主体是处于战略层的企业家。这是因为，企业家始终处于企业的核心位置，任何外部或内部因素往往都要经过他们的加工才能进入到组织体。企业家的素质与才能是企业组织的宝贵资源和财富。企业实施全球学习的绩效在很大程度上取决于企业家领导的有效性。这种有效性通常表现为企业家对环境变化及趋势、组织存在的问题和潜力、优势与劣势及其相互转化等方面问题的洞察力、应变力和控制力。其中，敏锐的洞察力是应变的前提，它决定着企业能否正确地形成新战略；应变力决定着企业能否及时地实施新战略;控制力则决定企业能否有效地控制新战略。洞察力、应变力、控制力综合反映了企业家的能力,直接影响企业全球学习的实施过程。

为有效地提高企业的全球学习能力,企业家应该在以下方面发挥领导作用:第一,在企业内建立知识共享的愿景和价值观。领导者应使员工认同企业目标和使命,并愿意为之贡献自己的知识和能力。第二,在企业内推动团队学习。组织的学习在一定程度上是团队的学习,团队学习具有很强的目标性——团队功能的实现。该目标驱使团队采取有效的知识获取手段。同时,团队制度灵活,员工易于沟通,能够有效地进行知识的交流和共享。第三,在组织中开发有效的学习方法。领导者应积极推进对学习方法的开发和研究,增强跨国组织获取知识的能力。应积极倡导非线性的思维与学习。这是跨国组织获取知识过程中的一种重要的学习方法。非线性思维与学习隐含着对不同的并且可能是矛盾的信息进行概念化的能力,这些能力的整合为组织提供了战略柔性和竞争优势的源泉。企业家通过将员工的个人学习融入到以企业发展需求为背景的环境之中,能够极大地推动企业全球学习的实施过程,取得更好的学习效果。

第六章 政府对企业创造性资产
获取的支持措施

在我国企业海外创造性资产寻求的过程中,应以企业为主体,通过企业的国际化经营,实现组织和能力的创新。但是,作为发展中国家的后发企业,在对外直接投资活动中往往处于劣势地位,尤其是在创造性资产寻求的过程中,会面临巨大的障碍和困难。因此,我国政府应该按照国际惯例,对我国企业的跨国经营活动给予政策支持,促进我国企业创新能力的提高。

第一节 各国政府支持企业海外
投资的基本做法

在企业走出国界,进行海外投资的过程中,政府的作用不可忽视。从20世纪80年代起,许多国家纷纷放松了对对外投资的限制,取而代之的是对跨国投资的鼓励政策,积极推动本国企业的海外扩张,收到了良好的效果。

一、海外投资保护制度

美国早在1948年开始实施"马歇尔计划"时,就设立了海外投资保证制度。在海外投资保证制度中,奖励、促进和保护私人海外投资的安全与利益是美国政府始终如一的基本政策。1961年,美国国会通过了新的《对外援助法》修订案,同年设立国际开发署接管投资保证业务。从这一年起,美国政府规定海外投资保证制度仅适用于发展中国家和地区。到 1964 年,已认可的海外投资保证总额增至 15 亿美元。到 1967 年 5 月,同美国签订投资保证协定的国家达 79 个。1969 年,美国再次修订《对外援助法》,设立海外私人投资公司(OPIC),它是联邦行政部门中的一个独立机构,不隶属于任何行政部门,承担大部分国际开发署的对外投资活动业务,现已成为主管美国私人海外投资保证和保险的专门机构。

1956 年,日本继美国之后在世界上第二个创设了海外投资保险制度,并于 1957 年追加了海外投资利润保险。1972 年 1 月,创设了旨在开发进口海外矿物资源的投资保险制度。此外,日本政府还积极签订投资保护协定,改善对外投资环境。企业对外投资需要保险时,可申请使用"海外投资保险制度",对海外投资的本金和利益进行保险。中小企业因对外投资而需要从金融机构贷款时,可向各都道府县的信用保证协会申请使用"海外投资关系信用保证制度",享受担保服务。

1964 年,日本政府建立海外投资亏损准备金制度,对企业的海外投资采取优惠、资助措施,其中包括税制优惠。对于向政治、经济方面不稳定的发展中国家或地区投资的企业,首先考虑在税制方面弥补投资风险,促进海外投资。1970 年,新设了石油开发投资亏损准备金;1971 年,将资源对象扩大到石油以外,设立了资源开发投资亏损准备金制度。该制度对以获取海外基础资源为目的的投资进行支持。1973 年,日本政府统一合并海外投资亏损准备金制度和资源投资亏损准备金制度,设立了海外投资等亏损准备金制度。

二、政策支持

1. 税收优惠

美国政府早在 20 世纪初就开始对私人对外直接投资实行纳税优惠。后虽经多次修改,但仍是政府支持和鼓励私人海外直接投资的重要工具。税收优惠措施包括所得税方面的优惠和关税方面的优惠。在所得税方面,主要有税收减免、税收抵免、税收延付、税款亏损结算和亏损退回等措施;在关税优惠方面,主要是通过实施"附加价值征税制"来实现。1962 年后,日本开始对海外投资收入实行税收抵免,并逐步扩大作为税收抵免对象的种类。

2. 外交支持

通过与其他国家签订双边或多边条约以及利用国际经济组织,政府可以对本国企业的海外直接投资进行外交方面的支持与保护。第二次世界大战后,美国制定了许多旨在保护美国私人对外直接投资利益的法律,其中重要的有《美英贸易和金融协定》、《经济合作法》、《对外援助法》、《肯希卢伯修正案》及 1974 年贸易法中的限制条款。此外,美国还广泛利用它所发起和参与的国际组织为本国海外私人投资服务。

为保证海外企业的权益,确保最惠国待遇以及促进与缔约国的资金、技术交流,日本与一些国家和地区签订了双边投资保护协定。截至 2000 年,日本已与埃及、斯里兰卡、中国、土耳其、中国香港、孟加拉国、巴基斯坦、俄罗斯等 8 个国家和地区签订了双边投资保护协定。

3. 财政资助

美国私人对外直接投资的资金来源虽然主要靠公司自有资金的积累和从银行或其他渠道的借贷,但政府提供的优惠贷款也起着重要的补充作用。其中,美国进出口银行与海外私人投资公司在这方面扮演着重要角色。利用外援推动私人资本输出也是美国政府的一贯方针,其做法主要有:把美国提供援助与受援国为美国私人投资提供方便联系起来,要求受援国做出有利于美国资本扩张的许诺,为美国公司参与项目建设、扩大投资提供有利条件等。日本是发达国家中促进本国公司进行海外直接投资最为积极的国家之一,至少有8个机构参与对外直接投资的促进活动,而且大多与发展援助结合在一起。如日本企业在对海外员工进行培训方面,可使用"海外技术者研修制度",即委托海外技术者研修协会对其海外员工进行培训,对此政府可提供一定比例的补助金;企业组团赴海外调查时,可使用"海外投资调查辅助制度",得到日本政府的相关资助。

三、政策性机构支持

成立于1950年的"日本进出口银行"在为日本跨国公司提供直接资金支持方面最具有代表性。起初,该银行主要为日本工业化出口提供贷款,同时为进口进行融资。自1957年起,日本进出口银行开始为日本企业的投资活动或海外经营项目提供海外投资贷款。日本进出口银行可直接给海外企业或外国政府提供贷款,可与日本金融企业一道提供联合贷款或贷款担保,也可对在日本境外从事带有公共性质项目经营的企业进行股权投资。1957—1967年,日本进出口银行为143个项目提供了贷款支持,约占日本制造业和非矿产、能源资源开采业对外直接投资的1/5;1992财政年度和1993财政年度,该银行为企业海外投资提供的贷款约占其融资总额的40%。

尤为值得一提的是,日本进出口银行还设立了海外投资研究所,与通商产业省所属的亚洲经济研究所相同,是根据特别法设立的专为境外投资企业提供情报和促进投资活动的信息机构,不仅为境外投资者提供从项目考察论证、施工组织设计到组织实施全过程的信息咨询和操作服务,而且还提供项目投产后所需最新、最可靠的市场动态信息和产品销售网络渠道信息等。

美国也设立了进出口银行,其宗旨是促进美国产品在海外的销售,为外国大规模经济开发项目购买美国设备、原料和劳务提供买方信贷和卖方信贷。在对外贷款业务中,有两项贷款是专门支持跨国公司向外直接投资的:一项是开发资源贷款,用于某个国家的资源开发,特别是战略物资资源;另一项是对外私人直接投资贷款,即对国外的跨国公司给予贷款,帮助它们扩展业务,提高在国外的竞争力。

美国另一个比较活跃的投资支持机构是美国海外私人投资公司(OPIC)。自 1969 年成立以来,OPIC 在鼓励美国私人向发展中国家以及转型国家投资方面一直起主导作用。目前,由 OPIC 提供融资和担保的新、扩建项目遍布全世界 140 多个国家和地区,范围涉及农业、能源、建筑、自然资源、电讯、交通、销售、银行和服务在内的各个部门。OPIC 主要在以下四个方面帮助美国投资者扩大海外投资、减少相关风险:1. 通过提供贷款和贷款担保为企业融资;2. 支持那些为美国公司投资海外项目而投入的私人投资基金;3. 为投资可能产生的一系列范围广泛的政治风险提供担保;4. 尽力为美国商界提供海外投资的机会。

近年来,美国海外私人投资公司所提供的服务不断增多,大大超出了提供资金支持的范围,如分担海外投资公司部分市场开拓和投资试验的费用、向参加投资的私人公司提供情报咨询和进行可行性分析等。此外,美国海外私人投资公司还为走出国门的投资者提供政治风险担保,包括货币不可兑换风险担保、财产被没收风险担保、政治动乱风险担保。另外,它还提供一些专项风险担保,如租赁担保、石油天然气项目担保、自然资源项目担保等。这些担保项目解除了美国企业的后顾之忧,鼓励了企业向发展中国家的一些风险较高、预期收益率高的项目进行投资。

2000 年 5 月,英国贸工部组建了一个新机构——全英贸易伙伴服务局。这个以服务为宗旨的新机构,一开始就为自己的角色定下了明确的目标:扶持企业扩大对外投资、开发海外市场。为此,该局采取了"三级调研法"帮助企业搞好投资前的调研:

一级调研:全英贸易伙伴服务局在自己的网络上建立了网上"投资指南"和"国别专页"。"投资指南"详尽解答潜在投资者所关心的各种问题。"国别专页"简单介绍投资目的国的有关情况(包括该国各级政府外资局的联系方式等),以及全英贸易伙伴服务局有关国别处室的职能和联系电话等。

二级调研:进行"海外投资专项调研"。目前,英国驻海外的商务处室多达 200 多家,这些驻外商务处根据国内企业需要,对如何在有关国家进行投资做深入翔实的专项调研。调研报告内容包括:基本市场情况、确定和评估潜在的经销商、中介公司、当地支持投资的联系电话、商品和服务市场分析、市场营销手段指导、当地投资机会信息以及当地的融资服务等。获取这些资料信息是按小时收费的。调研报告价格在 50—1000 英镑之间。对于那些价格在 600 英镑以上的调研报告,全英贸易伙伴服务局提供书款 50%的赞助。

三级调研:进行"深层次实地调研"。在帮助潜在投资者做好投资调研的同时,全英贸易伙伴服务局每年还会根据需要安排约450 次的出国参展和实地考察活动,并以政府支付企业赴海外考察路费的形式,赞助或帮助大约 250 家企业赴海外实地考察。

新加坡经济发展局不仅是促进吸引外商直接投资的官方机构,从 20 世纪 80 年代后期开始,它又被赋予了一项新的职能,即通过其海外分支机构搜集海外投资机会,为新加坡企业的对外直接投资提供信息服务。1992 年,该局在广泛征求各方意见的基础上,制订了名为"区域化 2000"的计划,旨在鼓励本国企业对外(尤其是向亚洲地区国家)投资。为了实施该计划,该局特地成立了专门的机构,其职责是分析国外市场的供求信息,帮助本国企业寻求海外投资机会。1993 年,经济发展局组织了由 600 多家国内企业参加的 38 个海外招商团,成功地促成了 150 个对外直接投资项目。

第二节　对我国政府的若干政策建议

2002 年, 国家下发了《关于鼓励企业开展境外带料加工的意见》并制定了配套文件,对境外投资的资金信贷、外汇、税收等扶持政策做了较全面规定。其中,对中国企业海外投资提供的鼓励性措施主要有: 1. 提供信贷与津贴,增强跨国企业的国际竞争能力,特别是对从事高新技术的研究开发的海外项目要给予津贴支持; 2. 为海外投资前进行的调查与可行性研究提供贷款担保; 3. 提供东道国投资机会的情报、帮助选择并认定合资经营对象,制订技术协助计划; 4. 对通过对外直接投资而带动出口的机器设备、原材料和产品免征出口税,并实行出口退税,对资源开发型海外投资项目产品的进口给予同等关税优惠待遇,对我国海外企业用分得的不可兑换的当地货币购回的产品,给予适当的进口关税减免待遇; 5. 对海外直接投资的收入可以降低征税率等。

虽然我国政府正在积极鼓励中国企业"走出去",并制定了相关的配套政策,但从总体上看,目前政策的关注点主要集中在境外加工贸易方面,是一种迂回的出口鼓励政策,对于中国企业正在开展的跨国经营活动,政府的政策还有很多有待完善的方面。为了推进我国企业跨国经营的发展,降低我国企业创造性资产寻求过程中的风险,政府应该在以下方面进一步加强指导和支持:

1. 进一步完善境外投资审批制度

政府应积极创造有利于企业"走出去"的宽松环境,减少和消除阻碍企业开展跨国经营的各种制约因素。要合理规范和缩小审批范围,适当放宽审批条件。审批制度应突出投资方向引导,要对各类所有制企业一视同仁。应科学设计和逐步简化审批程序,加强管理部门间的协调,提高管理效率,避免因审批的多层次、多部门、时间长给企业境外投资带来的不利影响。

2. 建立海外投资信息服务机构

我国企业国际化经营程度不高,大部分企业对国际市场、不同国家的社会文化环境和政府政策缺乏了解,因此,政府的信息咨询服务对我国企业技术创新的国际化具有重要的作用。我国政府在提供海外投资信息方面与许多国家相比存在较大的差距。信息的采集不规范,缺少信息资料的加工整理,信息服务没有明确的机构,信息发布缺乏权威渠道。信息服务体系的不健全直接影响了信息的质量和数量,影响到我国企业的跨国经营决策。

建议建立专门针对我国企业海外投资的信息服务机构或服务平台,依靠驻外使馆、商务机构不间断地获取各国有关外国投资的法令、法规,如投资法、公司法、税法、外汇管理制度、劳动用工制度、环境保护法等政策法规及其变动的最新信息,收集各国的经济发展和市场等方面的信息,并由专人对这些信息进行分类整理,形成各国投资环境的较完整的资料,向我国跨国经营企业提供信息服务。

3. 完善海外投资保险制度

我国现有的海外投资保险覆盖范围很小,只是针对直接带动出口的境外带料加工项目,尚未建立起完整的海外投资保险体系。提供投资保险是促进海外投资的一项基本措施,我国政府应该给予高度重视。除了加大政府担保的力度,还应重视和充分利用国际组织的作用。多边投资担保机构(MIGA)即是为在发展中国家直接投资提供担保的重要国际机构,可对不同形式的投资提供灵活的保险服务,保险期最长可达 20 年。值得注意的是,MIGA 不仅为私人资本投资提供担保,也为国营企业的投资活动提供担保。MIGA 提供的投资担保在促进国际资本在中国的投资方面发挥了重要的作用。然而,中国作为 MIGA 的正式成员国,却未能有效利用 MIGA 的投资担保功能,为中国海外投资提供保障。在目前国内投资保险服务供应严重不足的情况下,我国政府应积极推动对国际资源的利用,特别是用足 MIGA 的国别担保额度,并利用 MIGA 的再保险网络,扩大我国企业海外投资的保险容量。

4. 拓宽企业融资渠道

在我国企业对外投资和跨国并购过程中,仍然面临着许多筹资和融资方面的困难。比如,贷款要受国内贷款担保额度的限制,特别是外币贷款,不仅要受国内贷款额度的限制,还要受特定外汇额度的限制。这就使得许多海外投资企业不能很好地发挥母公司的资源配置优势,难以对境外投资项目提供强有力的及时支持,从而失去一些有利的发展机会。我国政府应该重视企业跨国经营中的融资问题,可以考虑设立专门的金融机构对海外投资企业提供金融服务,积极推进我国金融机构的国际化,为我国企业开拓国际市场提供一体化的金融服务支持。

参 考 文 献

英文部分

1. Agmon, Tamir and Mary von Glinow, *The Environment of Technology Transfer*. In Tamir Agmon and Mary von Glinow (eds), Technology Transfer in International Business. Oxford: Oxford University Press, 1991.

2. Aliber, R. Z., *A Theory of Foreign Direct Investment*. in C. P. Kindleberger, ed., The International Corporation. Cambridge, Mass: MIT Press, 1970.

3. Allen, Thomas J, Denis M. S. Lee and Michael L. Tushman, *R&D Performance as a Function of Internal Communication, Project Management; and the Nature of the Work*. IEEE Transactions on Engineering Management, EM-27(1), 1980, pp. 2-12.

4. Ambos Bjorn, *Foreign Direct Investment in Industrial Research and Development: A Study of German MNCs*. Research Policy, 2005, 34, 4.

5. Amsden, Alice and Ted Tschang, *A New Approach to Assess the Technological Complexity of Different Categories of R&D (With Examples from Singapore)*. Research Policy, 2003, 32, 4.

6. Anderson, Philip and Michael L. Tushman, *Technological*

Discontinuities and Dominant Designs: *A Cyclical Model of Technological Change*. Administrative Science Quarterly,35,1990,pp. 604-633.

7. Archibugi,Daniele and Alberto Coco, *Measuring Technological Capabilities at the Country Level*: *A Survey and a Menu for Choice*. Research Policy,2005,34,2.

8. Arora, Ashish and Alfonso Gambardella, *Evaluating Technological Information and Utilizing It*: *Scientific Knowledge*, *Technological Capability*, *and External Linkages in Biotechnology*. Journal of Economic Behavior and Organization,24,1994,pp. 91-114.

9. Bain,Joe Staten, *Barriers to New Competition*. Cambridge, MA: Harvard University Press,1956,pp. 35-43.

10. Barney,Jay B. , *Types of Competition and the Theory of Strategy*: *Toward an Integrative Framework*. Academy of Management Review,11(4),1986,pp. 656-665.

11. Barney,Jay B. , *Firm Resources and Sustained Competitive Advantage*? Academy of Management Review,17(1),1991,pp. 99-120.

12. Bartlett,Christopher A. and Sumantra Ghoshal, *Management Across Borders*. Boston,Mass: Harvard Business School Press. 1989.

13. Bartlett,Christopher A. and Sumantra Ghoshal, *Managing Innovation in the Transnational Corporation*. In Christopher. A. Bartlett, Yves Doz and Gunner Hedlund (eds) , Managing the Global Firms. London: Routledge,1990,pp. 215-255.

14. Bartlett,Christopher A. and Sumantra Ghoshal, *Global Strategic Management*: *Impact on the New Frontiers of Strategy Research*. Strategic Management Journal,12 Summer 1991,pp. 5-16.

15. Basberg,B. L. , *Patents and the Measurement of Technological*

Change: *A Survey of the Literature*. Research Policy, 16, 1987, pp. 131-140.

16. Belderbos, Rene, *Entry Mode*, *Organizational Learning and R&D in Foreign Affiliates*: *Evidence from Japanese Firms*. Strategic Management Journal, 2003, 24, 3.

17. Bergen, S. A. R. Miyajima, and C. P. Mclaughlin, *The R&D/ Production Interface in Four Developed Countries*. R&D Management, 18(3), 1988, pp. 201-215.

18. Boone, Jan, *Intensity of Competition and the Incentive to Innovate*. International Journal of Industrial Organization, 2001, 19.

19. Bresman, Henrik, Julian Burkinshaw and Robert Noble, *Knowledge Transfers in International Acquisition*. Journal of International Business Studies, 30, 3, 1999.

20. Brockboff, Klaus and Bernad Schmaul, *Are Large Firms Internationalizing the Generaion of Technology? Some New Evidence*. IEEE Transactions of Engineering Management, 43(1), 1996, pp. 33-40.

21. Buckley, Peter J. and Mack C. Casson, *The Future of the Multinational Enterprise*. London: Macmillan. 1976.

22. Buckley, Peter J. and Mark C. Casson, *The Economic Theory of the Multinational Enterprise*. London: Macmillan, 1985.

23. Cantwell, John, *The Reorganization of European Industries after Integration*: *Selected the Evidence on the Role of Multinational Enterprise Activities*. Journal of Common Market Studies, Dec. 1987, pp. 127-151.

24. Cantwell, John, *Technological Innovation and Multinational Corporations*, Oxford: Basil Blackwell, 1989.

25. Cantwell, John and F. Sanna Randaccio, *Multinationality and Growth amongst the World's Largest Firms*. University of Reading Department of Economics Discussion Paper in International Investment and Business Studies, No. 134, Nov. 1989.

26. Cantwell, John and Christian Hodson, *The Internationalisation of Technological Activity and British Competitiveness: A Review of Some New Evidence*. University of Reading Department of Economics Discussion Paper in International Investment and Business Studies, No. 138, March, 1990.

27. Cantwell, John, *The Technological Competence Theory of International Production and its Implications*. University of Reading Department of Economics Discussion Paper in International Investment and Business Studies, No. 149, Nov. 1990.

28. Cantwell, John, *The Globalization of Technology: What Remains of the Product Cycle Model?* Cambridge Journal of Economics, 19, 1995, pp. 155-174.

29. Casson, Mark. C. (ed), *Global Research Strategy and International Competitiveness*. Oxford: Basil Blackwell, 1991.

30. Chandler, Alfred. D. Jr., *Scale and Scope: The Dynamics of Industrial Capitalism. Cambridge*, MA: Harvard University Press, 1990.

31. Charles W. L. Hill, Peter Hwang, and W. Chan Kim, *An Eclectic Theory of the Choice of International Entry Mode*. Strategic Management Journal, 1990, Vol. 11, pp. 117-128.

32. Clark, Kim B. and Takahiro Fujimoto, *Product Development Performance*. Boston, MA: Harvard Business School Press, 1991.

33. Collis, David J., *A Resource-based Analysis of Global*

Competition: The Case of the Bearing Industry. Strategic Management Journal,12. 1991. pp. 49-68.

34. Comanor, William and Frederic M. Scherer, *Patent Statistics as a Measure of Technical Change.* Journal of Political Economy, 77 (3),1969,pp. 392-398.

35. Conner, Kathleen R. , *A Historical Comparison of Resource Based Theory and Five School of Thought within Industrial Organization Economics: Do We have a New Theory of the Firm?* Journal of Management,17,1991,pp. 121-154.

36. Contractor,Farok J. ,and V. K. Narayanan, *Technology Development in the Multinational Firm: Framework for planning and Strategy.* R&D Management,20(4),1990,pp. 305-322.

37. Culter,Robert S. ,*A Comparison of Japanese and U. S. High-Technology Transfer Practices.* IEEE Transactions on Engineering Management,36(1),1989,pp. 17-24.

38. De Meyer,Arnoud and Atsuto Mizushima, *Global R&D Management.* R&D Management,19(2),1989,pp. 135-146.

39. Delios,A. and P. W. Beamish, *Survival and profitability: the Roles of Experience and Intangible Assets in Foreign Subsidiary Performance.* Academy of Management Journal,2001, Vol. 44, No. 5, pp. 1028-1038.

40. Dierikx, Ingemar And Karel Cool, *Asset Stock Accumulation and Sustainability of Competitive Advantage.* Management Science,35, 1989,pp. 1504-1511.

41. Dunning, J. H. , *Reappraising The Eclectic Paradigm in the Age of Alliance Capitalism.* Journal of International Business Studies,

1995,26(3).

42. Dunning,J. H. , *The Geographical Source of Competitiveness of Firms*: *The Results of a New Survey*. Transnational Corporations, December,1996,5(3).

43. Dunning,J. H. ,*Alliance Capitalism and Global Business*. London and New York: Routledge,1997.

44. Dunning,J. H. , *The Eclectic Paradigm of International Production*: *A Personal Perspective*. In C. N. Pitelis and R. Sugden, eds, The Nature of the Transnational Firm. London and New York: Routledge,2000.

45. Dunning,J. H. ,*The Eclectic Paradigm as an Envelop for Economic and Business Theories of MNE Activity*. International Business Review,2000,9(1).

46. Dunning, J. H. and R. Narula, *The R&D Activity of Foreign Firms in the US*. International Studies in Management and Organization,1995,25.

47. Duyster, Geert and John Hagedoorn, *Internationalization of Corporate Technology through Strategic Partnering*: *An Empirical Investigation*. Research Policy,25(1),1996,pp. 1-12.

48. Ford,David,*The Management and Marketing of Technology*. In Robert Lamb and Paul Shrivastava (eds), Advances in Strategic Management, Vol. 3,Greenwich,CN: JAI Press,1985.

49. Franko,Lawewnce G. ,*Global Corporate Competition*: *Who's Winning, Who's Losing, and the R&D Factor as One Reason Why*. Strategic Management Journal,10. 1989,pp. 449-474.

50. Freeman, Christopher, *The Economics of Industrial*

Innovation. 2nd ed. London: Francis Printer, 1982.

51. Frost, Tony S. , *The Geographic Sources of Foreign Subsidiaries Innovations*. Strategic Management Journal, 2001, 22(2).

52. Griliches, Zvi. , *Patent Statistics as Economic Indicators*: *A Survey*. Journal of Economic Literature, 28, 1990, pp. 1661-1707.

53. Gwynne, Peter, *Managing "Multidomestic" R&D at ABB*. Research-Technology Management, 38(1), 1995, pp. 30-33.

54. Hakanson, Lars and Robert Nobel, *Foreign Research and Development in Swedish Multinationals*. Research Policy, 22(5,6) 1993, pp. 373-411.

55. Hall, Bronwyn H. , Zvi Griliches, and Jerry A. Hausman, *Patents and R&D*: *Is There a Lag*? International Economic Reviews, 27 (2), 1986, pp. 265-283.

56. Henderson, Rebecca, *Underinvestment and Incompetence as Responses to Radical Innovation*: *Evidence from the Photolithographic Alignment Equipment Industry*. Rand Journal of Economics, 24(2), 1993, pp. 248-270.

57. Hirschey, Robert C. and Richard. E. Caves, *Internationalization of Research and Transfer of Technology by Multinational Enterprises*. Oxford Bulletin of Economics and Statistics, 42(2), 1981, pp. 115-130.

58. Knickerbocker, F. T. , *Oligopolistic Reaction and the Multinational Enterprise*. Cambridge, Mass. : MIT Press, 1976.

59. Kogut, Bruce and Udo Zander, *Knowledge of the Firm*, *Combinative Capabilities*, *and the Replication of Technology*. Organization Science, 3, 1992, pp. 383-397.

60. Kojima, K. , *Direct Foreign Investment: A Japanese Model of Multinational Business Operations*. London: Croom Helm, 1978.

61. Kuemerle, W. , *Building Effective Capabilities Abroad*. Harvard Business Review, March/ April 1997.

62. Kuemmerle, W. , *The Drivers of Foreign Direct Investment into Research and Development: An Empirical Investigation*. Journal of International Business Studies, 1999, 30(1).

63. Lall, Sanjaya, *Competitiveness, Technology and Skills*. Cheltenham: Edward Elgar, 2001.

64. Lane, P. and M. Lubatkin, *Relative Absorptive Capacity and Interorganizational Learning*. Strategic Management Journal, 19 (5), 1998.

65. Levitt, Barbra and James G. March, *Organizational Learning*. Annual Review of Sociology, 14, 1988, pp. 319-340.

66. Mansfield, Edwin and Anthony Romel, *Reverse Transfers of Technology from Overseas Subsidiaries to American Firms*. IEEE Transactions on Engineering Management, Aug. , 1984, pp. 122-127.

67. March, James G. , *Exploitation and Exploration in Organizational Learning*. Organization Science, 1991, 2(1).

68. Mckenny, James, Michael Zack and Victor Doherty, *Complementary Communication Media: A Comparison of Electronic Mail and Face-to-Face Communication in a Programming Team*. In Nitin Nohira and Robert Eccles (eds), Networks and Organizations. Boston, MA: Harvard Business School Press, 1992.

69. Miller, Roger, *Global R&D Networks and Large-scale Innovations: The Case of the Automobile Industry*. Research Policy, 23. 1994,

pp. 27-46.

70. Mogee, Mary Ellen and Richard G. Kolar, *International Patent Analysis as a Tool for Corporate Technology Analysis and Planning*. Technology Analysis& Strategic Management, 6(4), 1994, pp. 485-503.

71. Nelson, Richard R., *National Innovation Systems: A Retrospective on a Study*. Industrial and Corporate Change, 1 (2), 1992, pp. 347-374.

72. Pakes, Ariel and Zvi Griliches, *Patents and R&D at the Firm Level: A First Look*. In Zvi Griliches(ed), R&D, Patents and Productivity. Chicago, IL: University of Chicago Press, 1984, pp. 55-72.

73. Patel, Pari and Keith Pavitt, *Large Firms in the Production of the World's Technology: An Important Case of Non-Globalization*. Journal of International Business Studies, 22(1), 1991, pp. 1-21.

74. Pavitt, Keith, R&D, *Patenting, and Innovative Activities*. Research Policy, 11, 1982, pp. 35-51.

75. Pavitt, Keith, *Patent Statistics as Indicators of Innovative Activities: Possibilities and Prospects*. Scientometrics, 7, 1985, pp. 77-99.

76. Pearce, Robert D. and Satwinder Singh, *Internationalization of Research and Development among the World's Leading Enterprises: Survey Analysis of Organization and Motivation*. In Ove Granstrand, Lars Hakanson and Soren Sjolander(eds), Technology Management and International Business: Internationalization of R&D and Technology. Chichester: John Wiley, 1992, pp. 137-162.

77. Pearson, Alan, Klaus Brockhoff, and Alexander von Boehmer, *Decision Parameters in Global R&D Management*. R&D Management, 23(3), 1993, pp. 249-262.

78. Peteraf, Margaret A, *The Cornerstones of Competitive Advantage*: *A Resource-Based View*. Strategic Management Journal, 14, 1993, pp. 179-191.

79. Porter, Michael E. , *Competitive Advantage*. The Free Press, New York: Free Press, 1985.

80. Porter, Michael E. , *The Competitive Advantage of Nations*. New York: Free Press. 1990.

81. Prahalad, C. K. and Gary Hamel, *The Core Competence of the Corporation*. Harvard Business Review, May-June, 1990.

82. Ronstadt, Robert C. , *International R&D*: *The Establishment and Evolution of Research and Development Abroad by Seven U. S. Multinationals*. Journal of International Business Review, March-April, 1982, pp. 94-99.

83. Rosenberg, Nathan, *Why Do Firms Do Basic Research (with Their Own Money)*? Research Policy, 19(2), 1990, pp. 165-174.

84. Schumpeter, Joseph A. , *The Theory of Economic Development*. Cambridge, MA: Harvard University Press, 1934.

85. Teece, David J. , *Technological Transfer by Multinational Firms*: *The Resource Cost of International Technological Transfer*. Economic Journal, 87, 1977, pp. 242-261.

86. Teece, David J. , *Foreign Investment and the Technological Development in Silicon Valley*. California Management Review, 1992, 34 (2).

87. Teece, David J. , *Managing Intellectual Capital*. Oxford: Oxford University Press, 2000.

88. Terpstra, Vern, *International Product Policy*: *The Role of For-*

eign R&D. Columbia Journal of World Business, Winter, 1977, pp. 24-32.

89. Tolentino, P. E. , *Technological Innovation and Third World Multinational.* London: Routledge, 1993.

90. UNCTAD, *World Investment Report* 2000: *Cross-border Mergers and Acquisitions and Development.* New York and Geneva: UN, 2000.

91. UNCTAD, *World Investment Report* 2005: *Transnational Corporations and the Internationalization of R&D.* New York and Geneva: UN, 2005.

92. Van Hoesel, R. , *New Multinational Enterprises from Korea and Taiwan.* London and New York: Routledge, 1999.

93. Von Hippel, Eric, *The Sources of Innovation Process Variable.* New York. NY: Oxford University Press, 1988.

94. Von Zedtwitz, Maximilian, *International R&D Strategies in Companies from Developing Countries—the Case of China.* Paper presented at the UNCTAD Expert Meeting on the Impact of FDI on Development, Geneva, pp. 24-26 January, 2005.

95. Wells, Louis T. , *Third World Multinationals: The Rise of Foreign Investment from Developing Countries.* Cambridge, MA: MIT Press, 1983.

96. Wesson, T. J. , *Foreign Direct Investment and Competitive Advantage.* Cheltenham: Edward Elgar, 2001.

中文部分

97. 陈劲:《创新全球化——企业技术创新国际化范式》,经济科学出版社,2003 年。

98.陈劲、宋建元:《解读研发——企业研发模式精要》,机械工业出版社,2003 年。

99.程培:《垄断优势、跨国投资和技术迁移》,《南开经济研究》2003 年第 3 期。

100.范黎波:《跨国公司技术转移与中国企业学习战略》,中国财政经济出版社,2004 年。

101.郭铁民、王永龙、俞姗:《中国企业跨国经营》,中国发展出版社,2002 年。

102.李安方:《跨国公司 R&D 全球化——理论、效应与中国对策研究》,人民出版社,2004 年。

103.李松林:《从自然资产到创造性资产》,《科技发展与进步》2005 年第 3 期。

104.林季红:《跨国公司战略联盟》,经济科学出版社,2003 年。

105.卢馨:《构建竞争优势:中国企业跨国经营方略》,经济管理出版社,2003 年。

106.马亚明、张岩贵:《策略竞争与发展中国家的对外直接投资》,《南开经济研究》2000 年第 4 期。

107.马亚明、张岩贵:《寡头竞争、策略互动与对外直接投资》,《世界经济》2002 年第 4 期。

108.马亚明、张岩贵:《技术优势与对外直接投资:一个关于技术扩散的分析框架》,《南开经济研究》2003 年第 4 期。

109.邱立成:《跨国公司研究与开发的国际化》,经济科学出版社,2001 年。

110.石建勋:《战略规划中国跨国公司:理论·案例·对策·

方案》,机械工业出版社,2004 年。

111. 魏江等:《企业购并战略新思维——基于核心能力的企业购并与整合管理模式》,科学出版社,2002 年。

112. 温迪·布克维茨、鲁思·威廉斯著,杨南该译:《知识管理》,中国人民大学出版社,2005 年。

113. 吴先明:《中国企业对外直接投资论》,经济科学出版社,2003 年。

114. 吴先明:《跨国公司治理》,商务印书馆,2005 年。

115. 冼国明、杨锐:《技术累积、竞争策略与发展中国家对外直接投资》,《经济研究》1998 年第 11 期。

116. 谢泗薪、薛求知、周尚志:《中国企业的全球学习模式研究》,《南开管理评论》2003 年第 3 期。

117. 邢建国:《对外直接投资的战略抉择》,经济科学出版社,2003 年。

118. 杨婕、宋红超:《本土化生存:跨国公司在华经营管理成败启示》,中国经济出版社,2003 年。

119. 曾忠禄:《中国企业跨国经营:决策、管理与案例分析》,广东经济出版社,2003 年。

120. 赵昌平:《跨国公司战略联盟的形成机制与管理研究》,经济管理出版社,2005 年。

策划编辑:李春生

图书在版编目(CIP)数据

创造性资产与中国企业国际化/吴先明 等著.
-北京:人民出版社,2008.4
ISBN 978 - 7 - 01 - 006978 - 4

Ⅰ. 创… Ⅱ. 吴… Ⅲ. 企业经济-国际化-研究-中国
Ⅳ. F279.2

中国版本图书馆 CIP 数据核字(2008)第 046163 号

创造性资产与中国企业国际化
CHUANGZAOXING ZICHAN YU ZHONGGUO QIYE GUOJIHUA

吴先明 等著

人民出版社 出版发行
(100706 北京朝阳门内大街 166 号)

北京集惠印刷有限责任公司印刷 新华书店经销

2008 年 4 月第 1 版 2008 年 4 月北京第 1 次印刷
开本:880 毫米×1230 毫米 1/32 印张:7
字数:167 千字 印数:0,001 - 3,000 册

ISBN 978 - 7 - 01 - 006978 - 4 定价:20.00 元

邮购地址 100706 北京朝阳门内大街 166 号
人民东方图书销售中心 电话 (010)65250042 65289539